事例研究の考え方と戦略

心理臨床実践の省察的アプローチ

山本 力
Tsutomu Yamamoto

創元社

目 次

序章　事例研究法の新しい流れ……………7

心の旅路の紀行文　7

「事例研究」への風向きの変化　9

執筆の視座と本書の構成　15

第1章　「事例」の概念再考……………18

語源から意味を探る　18

事例とは「何かのケース」　21

事例の分析単位　22

事例の人称――一人称と三人称の事例を中心に　24

境界のあるシステム　28

第2章　事例研究の発展と批判……………31

事例検討会でのトレーニングと仲間への参加　31

心理臨床における事例研究のムーブメント　33

「事例それ自体の研究」と「事例を通しての研究」　38

事例研究への批判を越えて　42

第3章 省察的な事例研究法 ……………………… 47

後ろ向きと前向きの二つのアプローチ　48
後ろ向きに前進する心の営み　49
臨床家側の「経験」の結晶化　52
後ろ向きの研究でのエビデンス　57

第4章 事例研究の戦略と意義 ……………………… 61

典型性を備えた事例の選択　61
事例研究の目的と研究の問い　64
事例を物語る観点――視座・視点・視野の3要素　66
事例からの一般化への論理　71

第5章 倫理の「関所」への対処 ……………………… 78

倫理的配慮の現状　79
倫理的手続きという関所　84
臨床家の葛藤、クライエントの反応　86
倫理的配慮における指針　90

第6章 臨床記録を書き記す ……………………… 94

カルテと面接記録　95
記載量の凸凹と臨床家の記録態度　97
いつ、何を書くのか　101
書くことの意義――なぜ書くのか　107

目 次

第7章 論文執筆のプロセス……………………111

準備作業の段階　111
論文作成の段階　113
草稿完了後の段階　122

第8章 事例検討会（カンファレンスを含む）の心得……127

カンファレンスや事例検討会の目的と意義　128
有意義な事例検討会になるために　130
事例検討会の運営の仕方　134

終章 まとめと若干の裏話……………………139

事例に基づく研究のプロセス　139
省察的事例研究の要点　143
筆者のアイディアに関する裏話　149

文　献　153
あとがき　159

序 章

事例研究法の新しい流れ

＊＊＊

心の旅路の紀行文

　ちょうど40年あまり前のことであるが、指導教官の提案によって心理療法に関する原書の翻訳に取り組んだ。そのうちの一冊がヒルデ・ブルック（Bruch, H.）によって著された『心理療法を学ぶ』（誠信書房）というアメリカで広く愛された本であった。ブルックは心理療法の面接プロセスを旅（journey）に例えた。その第1章の書き出しは以下の通りだった。

> 　「千里の道も一歩より始まる」──この古くから伝わる中国の諺は、"心理療法という心の旅路"にもあてはまるかもしれない。どんなに年月がかかろうとも、苦難の道を歩むことになろうとも、その旅路は初回面接から始まるのである。（Bruch, 1974/1978）

　原文はpsychotherapeutic journeyであったが、「心理療法とい

う心の旅路」と説明的な訳を与えた。自ら訳したこともあり、それ以来、筆者は長期の心理療法では「心の旅」という比喩を好んで使ってきた。旅という比喩にちなんで、セラピストとクライエントの関係性を「同行二人」としばしば表現してきた。同行二人とは四国遍路の旅で大切に受け継がれてきたお遍路のスピリットである。一人で歩いていても、いつも守り手（お大師様）を心に抱きながら二人で一緒に歩く。精神的に二人で共に歩いていても、実際に歩き抜くのはわが身、独りでしかない。心理療法の旅もそうであってほしいと思う。

　このように心理療法の過程を旅路に例えるなら、面接記録（プロセスノート）は夜になって宿でつける「旅の日記」である。そして、まとまった事例報告や事例研究は、旅の日記を素材にして編んだ「紀行（文）」であるとみなせる。読者を想定した紀行文は、旅の日記のように日々の旅先の経験を書き記すだけでなく、旅のテーマを設定してプロット（筋）を描き、構成的に物語って書いていくであろう。松尾芭蕉の『奥の細道』は俳句を詠む旅であり、司馬遼太郎の『街道をゆく』は街道を巡る旅であり、深田久弥の『日本百名山』は自ら登って選定した百の山々に関する記録である。

　読み手は紀行文に誘われて旅への想いが募り、チャンスがあれば紀行文を携えて自らも旅をするかもしれない。紀行文とは別に、旅をする際に参考となる書籍としては、旅のガイドブックもある。見知らぬ土地を旅するときには欠かせないが、無人

称の旅先情報が羅列されていて取捨選択に迷う。紀行文と旅の
ガイドブックとの大きな違いは、生きた旅人の「観点」が文中に
入っているかどうか、そして追体験できるかどうかにある。紀
行文においては、旅人が五感で集めた情報を、テーマに沿って
編集し、旅人自らの想いと行動を入れ込んで臨場感をもって描
き出す。そのように考えるなら、私たち臨床家の事例研究とは、
心理療法の行程を辿りながら、観点を持って臨床経験を系統的
に物語るという意味で、（学術的な形式に則った）紀行文に例えら
れるであろう。

「事例研究」への風向きの変化

　1980年代、わが国の心理臨床の世界では事例研究のムーブ
メントが展開し、学内相談室での担当ケースを紀要に報告する
という訓練を受けた「紀要世代」(鶴田，1995) の心理臨床家が輩
出されるようになった。そして今世紀に入り、河合隼雄は、『臨
床心理学』の創刊号で事例研究のテーマを特集し、以下のよう
に述べている。

　　臨床心理学の研究においては、事例研究が極めて重要で
　ある。そのことは臨床心理の実際に従事している者にとっ
　ては自明に近いことである。現に日本心理臨床学会におい

ても事例研究を中心と考えて実行してきている。このこと
が、わが国の臨床心理学の発展に大いに役立ったことは、
多くの人の認めるところであろう。(河合, 2001)

それから20年近く経った現在も「事例に基づいた訓練や研
究」は脈々と受け継がれている。しかしながら、この10年くら
いであろうか、事例研究への風向きが微妙に変化してきたと感
じる。たしかに風向きの変化を感じはするが、確かな根拠があ
るわけではなかったので、事例研究に関連すると思われる出版
物や事象を拾い上げて、歴史年表(表1)を作成してみた。この
年表をじっくり眺めると、風向きの変化がけっして根拠のない
ことではなく、徐々に生起していることが事実として確認でき
るであろう。

一つの変化は、倫理という課題である。2003年の「個人情報
保護法」の成立、それに続く研究倫理の厳格化に伴って、クラ
イアントのプライバシー保護を最優先するようになった。その
結果、相談室紀要に事例論文を掲載することを控える大学が増
えて、事例論文を書いた経験を持つ院生が急減した。学会誌に
事例研究を投稿する際にもクライアントから承諾を得ることが
前提とされるようになり、昔に比べ、ずいぶんと投稿のハード
ルが上がった。その結果、『心理臨床学研究』の場合、相対的に
事例研究論文が減少し、調査研究論文が増えた。

もう一つの変化は、根拠に基づいた医療 (EBM: Evidence-based

序　章　事例研究法の新しい流れ

表1　事例研究に関連する事象の年表

西暦	関連する出来事・出版等
1976	河合 他「事例研究の意義と問題点」 （『京都大学教育学部心理教育相談室紀要 臨床事例研究』3）
1981	国立大学での「心理教育相談室」の有料化が始まる （京都大学・九州大学・広島大学）
1983	成瀬・河合『心理臨床学研究』発刊 （1982年に日本心理臨床学会設立）
1986	小此木 他「学会大会シンポジウム：事例研究とは何か」 （日本心理臨床学会）
1988	指定大学院制度と「臨床心理士」の誕生 （日本臨床心理士資格認定協会）
1989	吉村「心理学における事例研究法の役割」 （『心理学評論』32（2））
1991	鑪・名島「事例研究法論」『臨床心理学大系Ⅰ』所収 （金子書房）
1992	中村『臨床の知とは何か』 （岩波新書）
1995	Stake, R. E.“The Art of Case Study Research”発行 （Sage Publications）
1997	下山『心理臨床学研究の理論と実際』 （東京大学出版会）
2001	山本・鶴田『心理臨床家のための「事例研究」の進め方』 （北大路書房） 河合・村瀬・山中「特集：事例研究」 （『臨床心理学』1（1））
2002	無藤・やまだ『質的心理学研究』発刊 （2004年に日本質的心理学会設立）
2003	藤山 他「特集：プロセスノート（面接記録）をどう書くか」 （『精神分析研究』47（2）） 個人情報保護法の成立と波紋 （個人情報：特定の個人を識別できる情報）

2004	藤原「事例研究法」『臨床心理学全書5』所収 （誠信書房）
2005	**Fishman, D. et al.** ***Pragmatic Case Studies in Psychotherapy* 発刊**
2006	**研究活動の不正行為への対応等に関するガイドライン** **（文部科学省）**
2010	**McLeod, J. "Case Study Research in Counseling and Psychotherapy"** **発行 (Sage Publications)**
2011	Yin, R. K.『ケース・スタディの方法　第2版』 （訳書, 千倉書房）
2013	**斎藤『事例研究というパラダイム』** **（岩崎学術出版社）**
	黒江・内田 他「特集：看護における事例研究法」 （『看護研究』46 (2)）
	日本心理臨床学会32回大会での **一事例の単独発表の一時廃止の波紋**
2014	森岡・大山『臨床心理職のための「研究論文の教室」』 （金剛出版）
	山川『心理臨床学における方法論としての事例研究法』 （博士論文）
2015	***Pragmatic Case Studies in Psychotherapy* に** **岩壁・村瀬・武藤の事例論文掲載**
2017	東畑『日本のありふれた心理療法』 （誠信書房）
2018	妙木・中村「特集：書くことの精神分析（第1回）事例の書き方」 （『精神分析研究』62 (1)）
	国家資格「公認心理師」の誕生 **（日本心理研修センター）**

※太字の事項は、事例研究の動向にとって重要と判断した事象を示した。

Medicine) の展開に影響されて、エビデンス（根拠）の問題が強調され、わが国の心理療法の研究において、条件を統制した「効果研究」がほとんどないことが批判されるようになったことで

序　章　事例研究法の新しい流れ

ある。そんな背景も一つの伏線になって、日本心理臨床学会の2013年大会では一例の事例報告に対して時間をかけて検討するセッションをなくし、数事例を一緒に検討するという方針転換がなされた。単一事例を丹念に検討し討議するという大会運営は30年間、大事に維持されてきただけに、心理臨床家の間に少なからぬ衝撃と波紋が広がった。そして、改めて事例研究や事例検討の課題を再考する契機になった。

　一方、これらとは逆方向の変化も起こりつつある。欧米では実証主義的な研究のオルタナティブ（もう一つの方法）として、質的研究や事例研究の再評価が活発になった。シグムント・フロイト（Freud, S.）以来の伝統的な事例研究を再検討し、より厳格な手続きで系統的に事例研究を行っていく試みが、国境を超えて同時多発的に始まっている。筆者も前著『心理臨床家のための「事例研究」の進め方』（北大路書房）を編んだ経緯もあり、折に触れて文献探索を行っていて、ノルウェーのマックレオッド（McLeod, J.）やアメリカのフィッシュマン（Fishman, D.）の仕事を見つけた。事例研究法の先駆的な研究者であるイン（Yin, R.）やステーク（Stake, R. E.）の文献は、心理療法やカウンセリングを主な対象としていなかったので、隔靴掻痒の感を免れなかったが、マックレオッドやフィッシュマンの仕事は心理臨床の事例研究のど真ん中を射抜いていた。マックレオッドの "Case Study Research in Counselling and Psychotherapy" （McLeod, 2010）は事例研究の新たな展開を見事にまとめていると思われた。さらに（筆

13

者は経緯をまったく知らないが）岩壁茂が企画して、自らの論文の
ほか、村瀬嘉代子と武藤崇による3本の事例研究論文が、フィッ
シュマンらが創始した電子ジャーナル "Pragmatic Case Studies in
Psychotherapy" に2015年に掲載された。筆者は、すでに本書の
執筆に着手していたこともあって、偶然にオープンアクセスの
論文を見つけ読み込んだが、とても新鮮で興味深く感じ、事例
研究も「新しい局面」に入ったかもしれないと思った。

　臨床心理学の動向とは別に、同じ2015年の新春に慢性看護
学を専門とする研究者の方々から筆者に講師依頼が舞い込ん
だ。それが機縁となって、看護ケアにおける事例研究を構築し
ていく研究プロジェクトの仲間に加わった。そのきっかけと
なった黒江ゆり子からの手紙の一部を以下に引用したい。

　看護学においては、**1970年代は事例報告および事例研**
究が基盤になっておりました。その後、量的研究、質的研
究、混合型研究など多様に発展をしたのですが、**看護実践**
そのものに焦点をあてた事例研究の位置づけが十分にで
きなくなってしまった現状があります。私たちは看護ケア
の『実際』に焦点をあてることのできる事例報告および事
例研究について、**その意義と方法についての検討を深め、**
看護学研究に位置づけようとしています。事例の積み重ね
をしていきたいと思っております。（黒江，2015　太字は筆
者による）

序　章　事例研究法の新しい流れ

1970年代まで看護ケアの症例報告は基軸であったが、近年の量的研究と質的研究のせめぎ合いの中で、その意義と方法が見失われかけていた。そんな状況の中で、看護ケアの「実際」に焦点を当て、現場の看護事例を書き記し、優れた看護実践を蓄積して継承していこうとする挑戦を知った。筆者が、本書の構想を練り、悪戦苦闘しながら執筆している途上で、看護領域の事例研究を推進するプロジェクトに参画することになったのは、何か不思議な巡り合わせのようにも感じられた（山本, 2018）。

以上のような経緯と経験が、事例研究への「風向きが変化してきた」と筆者が肌で感じた理由である。グローバルな視野で眺めると、事例研究に対して批判的な流れと再発見的な流れがぶつかり合い、せめぎ合いながらも、そのメイン・ストリームが再発見的、建設的な方向に徐々に変化しているように思う。この変化を着実に促進していくために、事例研究法の再検討とリニューアルを図っていくことが「事例に基づいた研究（case-based research）」を行う者の責務ではないかと考えるのである。

執筆の視座と本書の構成

ここで、本書『事例研究の考え方と戦略』の位置づけを行っておこう。副題として「心理臨床実践の省察的アプローチ」という

15

フレーズを選んだが、この副題が本書の位置づけを示唆するものである。対をなす反対の副題を想定すると、「臨床研究の計画的(統制的)アプローチ」というフレーズが思い浮かぶ。前者は、私たちの多くが普段行っている事例検討の手法を意味し、後者は効果研究など厳密に統制して実施される手法を意味している。

　要するに、省察的アプローチでは、私たち臨床家が日々の臨床で実践している等身大の事例を振り返り、多くの学びを得た印象的な臨床経験を複数の素材・データに基づいて厳密に省察した上で、事例報告、あるいは事例研究を行っていくことを目指している。それゆえに、省察的な事例研究とは、日々の臨床活動の「副産物」であり、象徴的な意味でクライエントからの「贈り物」であると考えられる。

　これまで若手の臨床家は、事例検討会での先輩たちの発表レジュメを真似して、自らの発表レジュメを作成し、事例論文を書く際も先例にならって定型的なフォーマットに落とし込んで執筆してきたかと思う。しかし、研究法としての事例研究(case study research)の意義と方法についてもう一度再考する時機が到来している。わが国の心理臨床活動(および臨床心理学)の半世紀の歩みとアイデンティティを大切にし、学問的な流行に飲み込まれることなく、多声的な批判にも真摯に耳を傾けながら方法論的な再構築を図っていく必要があると思われるのである。

　本書は第1章から第5章において、事例に基づいた研究方法について、単なる文献紹介や理屈ではなく、できるだけ筆者の

序　章　事例研究法の新しい流れ

臨床経験と向き合い、その経験を潜らせて思索し、論考を構成しようと心がけた。第6章からは前半の論考を前提にして、学会誌編集委員としての7年間の経験を振り返りながら整理し、より具体的に実践的な工夫を交えて執筆している。冒頭で、一例の事例研究（事例報告）は治療の旅路に関する「紀行文」に例えられると述べたが、本書の内容も筆者の生身の経験で裏打ちしながら執筆したいと考えている。その意味では、筆者の好みや偏りが表れることは十分承知しているが、科学論文の「神さま視点」ではなく、むしろ自らの視座や価値を率直に開示し、等身大の執筆をしたほうが、読者にとって賛成や異論が唱えやすいのではないかと思う次第である。

第 **1** 章

「事例」の概念再考

• • •

　英語のcaseは、事例・ケース（利用者）・症例・事案・判例などと専門領域によって訳し分けられている。また、これらの言葉は日常用語にもなっている。なじんだ用語だけに、私たちは分かったつもりになって用いがちであるが、概念規定するとなるとうまく言葉にならないものである。本書の書名である『事例研究の考え方と戦略』について論考をする前提として、改めて事例とは何かについて問いを投げかけ、その語源の探索や概念規定を行っておきたい。なお、研究や教育の目的で「事例」を活用することは、経営学・医学・看護学・社会学・社会福祉学・教育学など多くの学問分野で昔から行われてきたが、本書では心理臨床実践など対人援助領域で用いる「事例（ケース）」概念に限定して論究したい。

語源から意味を探る

　もし「事例とは何ですか」「事例をどう定義しますか」と尋ね

られたら、あなたはうまく答えられるだろうか。私たちは事例やケースという用語を使い慣れているので、その意味を分かったつもりになっているが、意味合いを適切に説明するとなると案外難しい。

　例えば、具体的な事態や実例、前例となる事実、などが辞書的な意味である。また、臨床の世界ではクライエントや患者さんのことを指すこともあり、「ケースを担当する」などと言い習わしてきた。きわめて似た用語に「症例」もあるが、こちらは人よりも疾患や症状に焦点を合わせた用語である。司法領域では事案や事件という訳語もある。

　辞書的、日常的な意味を確認した上で、さらに言葉の原イメージを摑むために語源にまで遡って探索したい。英語の「ケース (case)」から見てみよう。調べてみると、caseはラテン語に由来する単語でfall（落ちる、成り行き）という原意がある。casual（偶然の）や、chance（好機）も同じ語根を持つ。また、in case ofというフレーズは「普段は起こりえないけれど、万が一〜の場合は」という意味で使われていて、とても希有な場合に用いられる句である。これらcaseの語源を尊重すると、偶然に出会った希有な事態や場合という意味になろう。ケースに「まれな事態」という含意があるのなら、rare case（珍しいケース）というのはある意味で同語反復かもしれない。偶然に落ちてきた事態となると、珍しい疾患の患者さん、思いがけない治療的な好転、新たな介入と成果などと連想は広がる。偶然性・希有で

あること・チャンスや機会、それらが英語の case の語源である。

　次に日本語の事例、「コトの例」について考えてみよう。かつて小此木（1986）は「事例の〈事〉にはシチュエーションとか事態という意味の事があります。だからクライエントだけでなく、治療者とクライエントの2人が作り出す、ある〈事態〉を事例と言っている」と述べた。小此木啓吾の説明は心理療法の事例という文脈では、いまや当たり前の使い方になっていると思う。心理療法やカウンセリングの事例研究では臨床面接という舞台での対人的な相互作用での事態が検討素材となる。ここで見逃してはならないことは、心理臨床家など援助者も事例という単位を構成する重要な登場人物だという点である。

　事例という言葉の意味を把握する上でさらに大切な視点は「こと」と「もの」の区別かもしれない。事例とは、ある「こと」が立ち現れてきた「例」である。精神病理学者の木村敏が指摘したように「こと」は「もの」と異なる。「こと」は「もの」のように絶対的な同一性を持たない。医療の術式や薬効は「もの」に属するが、援助関係での事態は「こと」に属する。状況の中で生成・変化する現象が「こと」である。対人援助は、人と人との関係の場を介して援助の対象に関わり、ポジティブな変化を生成しようとする実践であり、その個々の臨床実践の過程を抽出したのが「ことの例＝事例」でもある。したがって「もの」の世界は再現性があり、実験的な検証が可能であろうが、例えば歴史上の出来事のように、たまたま落ちてきた「こと」の世界は再現

が困難である。生きた援助関係を「計画的・前向き (prospective)」に再現し、コントロールするには大きな限界がある。したがって日々実践している心理療法やカウンセリングを検討するには、後述するように「後ろ向きに振り返って (retrospective)」の分析と省察が自然なアプローチとなるであろう。

事例とは「何かのケース」

　日々の臨床経験を徒然なるままに綴っただけでは臨床事例とは呼べない。遭遇した出来事や経験が何かの範疇に属していることを示さなければならない。例えば、症例の場合は必ず何かの臨床単位と必ず結びつけられている。土居 (1977) の指摘によれば「ケースという場合は何かのケースということが常に含意されている」ことが必要で、何のケースであるかを帰属させる「分類」概念の存在が前提になる。急性期の統合失調症の支援事例、ネグレクトの範疇に入る虐待事例というふうに、何かの類型、あるいは分類基準とセットになる。

　他の例で示すなら、慢性的に困難な問題を抱える人に長期間にわたり関わり抜いた結果、予想以上の良い結果を得たので、"長期的支援が奏効した" 事例として取り上げる。この場合、慢性疾患とか支援期間という分類基準に帰属させた事例となろう。要するに何かの事例とは、対象認識における一つの光の当

て方であり、一つの切り口である。だから他の類型的な視点から捉えて、別の形で事例を捉え直すこともできる。有名なルビンの壺をメタファーとして持ち出すと、閉じられた空間に着目すれば壺（盃）と捉えることができるし、外の輪郭に目を移せば向き合った横顔に見える。背景の文脈から事例を抽出して捉えるには、どこから対象に光を当てようとしているのかを検討し、何のケースとして抽出しようとするのかを明確に意識する必要があろう。

事例の分析単位

　実験法は計画的に統制された条件の下に実施されるので、独立変数も従属変数も事前に分かっている。しかし、日常の臨床実践から特定の面接や支援を取り上げて検討する場合に、どの範囲の事態を切り取って報告するのか、どの範囲の分析単位に限定するのかを決めるのは悩ましい。例えば、深刻ないじめ事件を調査する際に、いじめた子どもといじめられた子どもという当事者同士の関係と経緯を詳細に調べただけでは不十分であろう。学級の友達はどうしていたのか、親はいじめを知っていたのか、知っていたならどう対応したのか。さらに学級経営を行っている担任はどう認識し、対応したのか。もっと視野を広げて、学校として校長はどう認識し、どう対応しようとしたの

か。いじめが生まれやすい地域の風土はなかったのか。

　この例が示唆するように、いじめ事態は背景も調査するとなると境界線はきわめて曖昧になる。探求を進めていけば、対象となる事例の範囲は階層的に拡大するので、調査者が事態の本質を見極めながら、どこかで意図的に境界を設定することになろう。

　先ほどの例でも分かるように、事例研究にあたっては事例の範囲を同定し、その範囲内で検討を進めることになる。社会学的な事例研究法を開拓した Yin（1994/2001）は研究者が分析対象として切り取った事例の範囲を「分析単位（unit of analysis）」と呼んでいる。どの大きさの分析単位で検討すれば、事例の本質に迫れるのかを事前に慎重に考えなくてはならない。このことを考える上で、筆者の経験を一つ述べよう。

　何十年も前の事例検討会でのことである。若手女性の臨床家による事例報告であった。高齢の女性Aさんは、末期がんであったが、その事実を知らなかった。入院して治療をすれば良くなると思っているのに、少しも良くなった感じがない。その疑問と不満を臨床心理士に頻繁に訴えてくる。主治医はAさんが「高齢であるし、告知にも耐えられないだろう」と判断して詳しいことは何も伝えていない。当然、看護師も心理士も偽りの態度で接することになり、心理士は非常に不自由な思いをして話を聴いている。「どう打開策を見出すべきか」と胸の内を吐露し、事例報告は、そこまでであった。腑に落ちないので、どう

23

して心理士として告知に関して主治医と相談しないのかと尋ねた。すると「主治医は心理士を信用していない。だから率直な相談などできない」と現場の苦しい実情を漏らされた。それがスタッフの困り感の根っこにあると分かって、ようやく事例の本質が見えた。この事例の本質は、主治医とスタッフ間の葛藤と連携の困難さが援助を妨げたことにあった。それにもかかわらず、その事実は事例報告の範囲から外されていた。主治医を責めたくないという配慮はよく理解できるが、かといって心理士と患者のＡさんという治療関係だけで事例を検討しようとしても、答えは出てこない。一般的に言って、スタッフ間の軋轢や不信が心理面接に間接的に影響を与えることは珍しいことではない。ゆえにスタッフ間の葛藤やプレッシャーも含めて報告し、ありのまま物語るのが生産的な姿勢であろう。もちろん報告にあたっては同僚批判にならないように十分に配慮して記述しなければならないし、もし批判したくなってしまうとしたら何がその背景にあるのかをよく考えることも生産的な姿勢である。

事例の人称──一人称と三人称の事例を中心に

　筆者は「事例の人称」という分類に何度か言及してきた(山本, 2001)。もともと作家の柳田邦男が、一人称の死、二人称の死、三人称の死という区分をしていたので、その使い方を模倣した

第1章 「事例」の概念再考

ものである。一人称の事例とは自分自身の経験を対象にする。二人称の事例とは心理療法などの対人援助において関与観察を介して把握する対象である。そして三人称の事例は臨床家（実践者）と分析者が異なる場合、あるいは一人称と二人称以外の対象と考えたい。二人称の事例については、本書全体で詳述されるので、ここでは一人称と三人称の事例について述べておきたい。

　まず一人称の事例である。ひと言で規定すると、当事者による自己開示の事例で、さまざまの手記や自叙伝、闘病記録などが該当する。慢性疾患やがんの患者にとって同病の仲間の経験談や闘病記はとても役に立つ。これから病気の進行に伴ってどんな生活が待っているのか。どんなふうに苦痛に耐えて、病気と付き合ったらよいのか。食欲がなくなったり、食べられなくなったりしたとき、どんな工夫や食材があるのか。そうした疑問に当事者による自己開示の記録は応えてくれることがある。慢性疾患の患者は徐々に自己の病気と闘病生活に関する、ある種の「専門家」となっていく。だから「病いの経験」は当事者である患者がいちばん具体的に知っているはずである。

　クライエントによる「セラピーの経験」の語りも一人称の事例である。筆者は、30代の頃に自分のクライエントによるセラピー経験の語りを直接聞いた。何年にもわたってカウンセリングの旅路を一緒に歩いてきた女性クライエントが「自分の病気のこと、そして治療経験を人に伝えたい」と話していた。たま

25

たま安全と思われる機会があって、専門家だけの研究会で自ら
の病気とセラピーの経験を自由に話してもらった。筆者は、ま
な板の上の鯉の気分で、クライエントの語りを聞いた。双方で
共有されている物語は安心して聞けたが、筆者が忘れているエ
ピソードや想定外の彼女の反応を聞く際にはハラハラさせられ
た。例えば、「タバコという面接構造」と筆者が名付けたエピ
ソードがある。当時、筆者は彼女に許可を得て、耳を傾けなが
らゆったりとマイルドセブンを吸っていた。しかし、ある日か
ら禁煙を決意してぴたりと吸わなくなった。すると、しばらく
の期間、彼女の不安や抑うつ感が増したことがあった。しかし
理由は分からなかった。3〜4年後の「セラピーの経験」の発表
で、彼女はこう話した。「あの頃、面接中に山本先生がタバコを
吸わなくなったのが、すごく変な感じがして、なぜか不安に
なったのを覚えている」と。面接中にマイルドセブンを吸う筆
者の振る舞いとタバコの香りが、いわば安心感の象徴として彼
女には機能していた。その恒常的な面接環境の突然の変化が、
彼女に違和感を与え、安心感を脅かしたことが分かって、「そん
なふうに体験されていたのか」と驚いたものであった。

　これと似た観点で、田中 (1999) はクライエント側から見た面
接過程を描き出している。「ほとんどの事例報告は、セラピスト
の側からの一方的な分析と考察に終始している。しかし、親御
さんの側から見える心理治療の世界と、セラピストの側からの
捉え方は自ずから異なるものである」という問題意識の下に、

26

母親が回想した3年間の援助過程を「大きな峠越えの記録」として報告している。

心理臨床家の「訓練の経験」の省察的な報告も一人称の報告である。精神分析的心理療法では訓練過程の仕上げとして個人分析(personal analysis)を受けることが推奨されてきた。臨床訓練の一環で、自らも心理療法を受け、自己理解を深め、未解決の葛藤を解決し、分析治療の意味と限界を肌で知ることができる。文献数としては少ないが、個人分析や訓練体験を開示している興味深い報告や研究がある。筆者がたまたま目にした文献を以下に挙げておきたい(例えば、河合, 1967；大場, 1990；名島, 1995；岡本, 2016)。

次に三人称の事例研究であるが、三人称は位置づけが難しい。とりあえず、三人称の事例の典型は、第三者の事例素材を

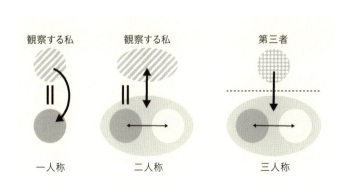

図1
上の斜線の円、楕円が観察者、下の大きな楕円が研究対象を表している。

別の研究者が分析する場合と規定しておこう。例えば、認知行動療法の効果研究で、研究協力者（クライエント）に研究目的を説明した上で了解を得て、心理尺度を用いてデータを繰り返し測定し、臨床面接も音声データや映像データで記録し、それらを事例素材として、第三者が多角的に分析することがある。いわゆる根拠に基づいた心理療法（EBP: Evidence-based Practice）の研究において推奨される手法である。これは三人称の事例研究と位置づけられるであろう。

　また多職種連携の現場においては、ある対象者の治療過程を振り返るときには他職種の支援内容をカルテ情報や聞き取りから三人称的に記述をする必要が生まれる。事例報告の記述の中に二人称的な視点と三人称的な視点が混在し、それは結果としてデータ収集のトライアンギュレーション（多角的アプローチ）となって説得力を高める。多職種連携の事例報告で、誰の臨床経験か分からない、つまり情報源が記載されていないことが少なくない。いつの時点の、誰からの情報（視座）であるのかを明記することを忘れてはならない。

境界のあるシステム

　本章のまとめに代えて、少し違う角度から事例の概念規定をしておこう。事例とは一つのシステムであるというのが、Stake

（2000/2006）が言及している定義である。境界のあるシステムであり、そのシステム内に特有の機能や行動パターンがある。事例の分析単位で例示した「いじめ」の説明を思い出してほしい。最下位の単位として「いじめっ子といじめられた子」のシステムがある。その上位に「いじめの起こった学級集団」というシステムがある。さらに上位に「いじめが起きやすい学校風土」というシステムがあるかもしれない。システムは入れ子式に階層をなしている。どのシステムで分析するかは研究者が目的に応じて選択する。

　山口県の童謡作家である金子みすゞの作品に「蜂と神様」という詩がある[*1]。筆者は旅で山口の町を歩いていて偶然に出会い、しばらく立ち尽くして読んだのを鮮明に覚えている。

「蜂と神様」

蜂はお花の中に
お花はお庭の中に
お庭は土塀の中に
土塀は町の中に
町は日本の中に
日本は世界の中に
世界は神様の中に

さうして、さうして、神様は
小ちゃな蜂のなかに

　蜂が終盤で神様に包み込まれ、さらに急転して神様が小さな蜂のなかに収斂する。まるで「ウロボロス（自らの尻尾をくわえて環になった蛇）」のように、入れ子の一番大きな器（システム）と一番小さな器（システム）がワープして一つにつながってしまう。この詩を味わっていると、入れ子式のシステムの妙と最後の絶妙の帰結に多様な連想や深い想いが広がるのである。

〈注〉
＊1　金子みすゞ（1903-1930）による五百余りの詩の中に「さびしいとき」
　　という詩がある。
　　〈私がさびしいときに、よその人は知らないの。私がさびし
　　いときに、お友だちは笑うの。私がさびしいときに、お母
　　さんはやさしいの。私がさびしいときに、佛さまはさびし
　　いの。〉
　　私たちは心理臨床家として、深い寂しさを抱いている人を前に、お
　　母さんの眼差しで対座するのか、仏さまの眼差しで対座するのか、
　　あなたはどちらを選ぶのだろうか。臨床家にとって、非常に興味深
　　い「問い」であると思ったので、事例のテーマから脱線するが紹介す
　　ることにした。

第 2 章

事例研究の発展と批判

＊＊＊

　個々の職能集団には固有の文化がある。心理臨床にも特有の風土や文化がある。その風土や文化に馴染み、身体と心を介して学習していく「仕掛け」が臨床実践のトレーニングや事例検討会への参画ではなかろうか。ケース担当、スーパービジョン経験、ケースカンファレンスでの事例検討、臨床経験を事例研究として掘り下げる営み、こうした実践と訓練が大学院教育や地域の研究会で長い時間をかけて営まれていく。医学と医療学が異なるように、心理学と心理臨床学も異なる。心理臨床学の根幹は対人援助のアート（技）であり、生身の人間、臨床の文脈で生起する事例を対象としている。本章では、筆者の視座から捉えた日本の心理臨床ワールドの歩みを軸にしながら、事例報告や事例研究という営みのアウトラインを描くことを試みたい。

事例検討会でのトレーニングと仲間への参加

　心理臨床の世界に入り込んでいくには、人それぞれの道筋が

ある。動き出した公認心理師の6年間の養成コース、老舗の臨床心理士の大学院養成コース、海外の訓練施設での養成コースなど、複線のコースがある。筆者の場合は臨床カリキュラムが整備される以前であったので、非公式の研究会や研修の場で学び、トレーニングを受けた。その臨床活動の原点は、金曜日の夜に大学内で開催されるようになった事例検討会（通称「金曜会」）だった。夕方の7時頃になると臨床の仲間が集まり事例発表が始まる。当時は、許可を得て面接の録音をしていたので、テープレコーダーを操作しながら逐語記録を作成した。事例検討会でも録音テープを聴きながら夜遅くまで議論した。その議論も時には辛辣を極め、発表者が「へこむ」ことも少なくなかった。

　10時頃、ようやく金曜会が終わると、大学近くの居酒屋に移動する。暖簾をくぐると緊張がほぐれ、飲みながら発表者のフォローをし、発表の傷つきからの回復を促した。そして食べ終わった頃、先生から外部講師を招聘する研究会の企画が発表され、院生が分担して準備する作戦会議になる。時には臨床関係の書籍出版や翻訳出版の企画が提示され、各人に役割が割り振られる。それは心理臨床の世界に参加しているという喜びを感じる瞬間でもあった。こうして少しずつ心理臨床家へと近づいていったようにも思う。筆者の場合、恩師のサークルに参入したが、人それぞれのサークル（帰属集団）と出会い、そのサークルに参入して臨床の見習い修行を積みながら、臨床家アイデンティティを獲得していくのであろう。

第2章　事例研究の発展と批判

心理臨床における事例研究のムーブメント

　上述したような日本の心理臨床の風土はどのように形成され
たのであろうか。1960～70年代、心理臨床の世界で支配的な
治療的オリエンテーションは、クライエント中心療法と精神分
析的なアプローチだった。進取の気性に富んだ臨床家たちが海
外の大学に留学したり、欧米の精神分析関係の研究所に入った
りして、本場で心理療法のトレーニングを受けて帰国した。そ
して、その直伝の知識や訓練経験をわが国の臨床教育の場に移
植していった。こうした黎明期の先輩たちの多くは、まずもっ
て心理臨床家であり、次に研究者であるように、筆者には見え
た。教官も院生も皆、熱く燃えて臨床談義をした。そうした「時
代精神」に育まれ、さらに学外の研修の場を求めて（同時に生活
費も求めて）臨床系の院生は精神科に非常勤で勤務した。筆者も
週2～3回は精神科の病院臨床に携わり、主にカウンセリング
を行ったが、病院に奨学金を出してもらって勤務しているよう
なものだった。

　学内では附属心理教育相談室でのケース担当、継続的なスー
パービジョン、定例ケースカンファレンスのシステムが整備さ
れた（当時はカリキュラム外の活動だから単位は出なかった）。それら
は今日では当たり前の日常になったが、1970～80年代のアカ
デミックな心理学教室では異例の活動で、草創期の心理臨床の

33

先生方の苦労と地道な努力は大変なものであった[*1]。

　そんな中、臨床事例を重視した訓練の潮流の先頭に立ったのが、京都大学の河合隼雄であった。1974年に『臨床心理事例研究』という相談室紀要を発刊し、その第3号に「事例研究の意義と問題点」と題する論文を寄稿した（河合, 1976）。この論文は事例研究法について考える上で記念碑的な論文の一つとみなせるであろう。京都大学に続いて、九州大学・東京大学・広島大学・上智大学などの大学院でも事例研究論文の紀要が次々と刊行されていった。また、専門書籍として「臨床心理ケース研究」のシリーズが刊行された。その第1巻で、編者の河合隼雄・佐治守夫・成瀬悟策の三人が「臨床心理学におけるケース研究」をテーマにして鼎談を行った。以下に長い鼎談を端折りながら冒頭の一部を引用する。心理臨床の草創期の雰囲気が感じ取れるであろう。なお、（　）内は筆者による補筆である。

　河合：実は、京大で心理教育相談室の紀要を（1974年に）発刊する際に、試みに事例研究ばかりを載せました。あれはずいぶん冒険のように思ったのですが、（ひとつのケースの丹念な報告ということが）非常に反響があって、私は自信を深めたわけです。
　成瀬：臨床心理（心理臨床）というか、臨床心理学というか、おそらく全ての原点みたいなものがケースだということ、ケースとケース研究とは区別する必要があるかもしれ

ませんが、いずれにしてもケース研究が必要であり、そこから臨床心理学がもういっぺん反省され、出発し直して、積み上げられてくる必要があると思います。

佐治：うち（東大）の学生たちも京大の紀要を読んで、自分たちがほしいと思っていたものが、一つこういうところにある、という感じはみんな持ったと思うんです。自分の臨床を丹念に書き上げながら検討して、もう一度みんなにオープンにする。そして（他者からの）オープンな反響を予想して、（独り善がりにならずに）ケースを書くことは、ぜひ必要なことだと考えられる。

河合：成瀬先生が心理臨床か臨床心理学かという言い方をされたが、われわれは早く臨床心理「学」にしたいと焦りすぎて、ケースを丹念に見るのではなくて、上澄みをすくって（実証論文としての）形を整えたものを発表しようとした。ところが、そういう発表は、実は読んでいてもあんまり役立たない。ところがケースの細かいことを掘り下げて、しかも佐治先生が言われるように、もう一度客観視するという目で事例研究を書いてみると大いに歓迎された。やはり（ケース研究を）出発点としてやると意味を持つのじゃないかと思うんです。

佐治：ケース研究は、上澄みをすくうのではない。一人一人が実際に関わっている、そのことの研究です。そういう意味で、ケース研究というものが、実際の関わりが生で

出てくるから、その人自身の「体臭」が感じられる。それが読み手に訴えてくる。治療者の体臭を感じるところに意味があるんで、誰が書いても同じように書けちゃうんだというのでは、本当の意味での事例研究ではないのではないかと思いますね。（河合・佐治・成瀬，1977）

　臨床実践と事例検討を軸にした訓練と教育は、やがて国立大学の「心理教育相談室」が有料の訓練施設として認められる形で結実した。京都大学の河合、東京大学の佐治、九州大学の前田重治らが当時の文部省に強く働きかけて実現したのであった。それに関して、鑪（2012）は以下のように記している。

　　1981年に京都大学が初めて有料化され、それに続いて九州大学が有料化された。その次に広島大学が有料化され、翌年に東京大学と名古屋大学が続いた。心理教育相談室の相談が有料化されたことは、日本の臨床心理学にとって画期的なことであり、新しい歴史のページを開いたことになる。…（中略）…臨床心理学は地域で援助を求める人へのサービスを前提として学問が成り立っている。この点をはっきりと国が認識した瞬間であった。（鑪，2012）

　臨床心理学の世界で生じた新しい潮流に乗って1982年に設立された日本心理臨床学会でも事例研究を重視し、事例論文を

軸にした学会誌『心理臨床学研究』が発刊された。こうした進展の下で第4代理事長の村瀬孝雄が「ここ十余年、心理臨床の世界を最も特徴付けているのは『事例研究運動』であるとすることに大きな異論はないと思われる」（村瀬，1995）と評したように、事例から出発し事例に還る円環的な営みは心理臨床家の実践力の育成における中心軸となっていった。

　事例研究のムーブメントは心理療法の訓練の一環として、その臨床実践を仲間で検討する機会として始まった。その流れを受けて日本心理臨床学会の大会でも一事例に何時間もかけた集中的な事例検討がなされ、参加者は発表者と著名なコメンターのやり取りに聞き入った。しかしながら、年次大会で発表される事例の中には未熟な事例発表も少なからずあった。有名な先生からコメントをもらうことが目的と思えるような発表もあった。それらは、本来なら学会や学術集会ではなく、内輪のカンファレンスで検討すべき「研修事例」と位置づけられよう。

　そのような状況に疑問を抱いたベテラン臨床家は少なからずいた。当時、理事長だった鑪幹八郎も「事例報告（case report）」と「事例研究（case study）」を区別することを提案した。しかしながら、その後も、レポートとスタディの目的の違いが十分に共有されてきたとは言いがたい。日々の「事例報告」はトレーニングのためであったり、困難な対応をスタッフ間で検討・協議したりするために行われる。それに対して「事例研究」はリサーチである。事例を綿密に分析・検討する作業であると同時に、その

検討結果を事例研究論文としてまとめるという二段階の作業を意味している。ここで改めて、事例に基づく訓練（case-based training）と事例に基づく研究（case-based research）の使い分けを意識してほしいと思う。

では、事例報告論文ではなく、事例研究論文には、どのような要件を備える必要があるのであろうか。まず、明確な〈目的〉ないしは〈リサーチ・クエスチョン〉があり、その研究の問いに関する〈先行研究〉のレビューがなされていること。そして〈結果〉に相当する事例素材が"適切に"提示されていること。加えて〈目的〉に対応した〈考察〉が論理的になされていること。さらには〈倫理的配慮〉も記されていること。これらは事例研究論文として最低限備えていなければならない要件であろう。

「事例それ自体の研究」と「事例を通しての研究」

事例研究の進め方に関しては多様な試みがあるが、オーソドックスな考え方によると、研究者の関心や狙いによって二つの接近法に分けられてきた。一つ目に、単一事例に特異的な本質を深く探求する「事例それ自体の研究」がある。個性探求的な（intrinsic）事例研究ともいう（Stake, 1995）。この人物の人生に関心がある、この対人相互作用の特質に関心がある、この緊急事態の背景と原因に関心がある。このような関心の向け方をしな

第2章 事例研究の発展と批判

から当該事態の解明を行おうとすれば、（他の事例とは関係なく）事例それ自体について綿密な検討を行うことになろう。二つ目に、ある事例を通して他の事例にも通底する普遍性を見出すことを狙いとする「事例を通しての研究」がある。手段的な(instrumental)事例研究とも称される(Stake, 1995)。複数事例を累積して行う事例研究は「事例を通しての研究」の代表であろう（下山，1997；鶴田，1998）。成瀬は前述の鼎談の中で「一例だけやっているときはあんまりよく分かりませんよね。ところが7〜8例ぐらいやると、だいたい大雑把な目鼻がついてくる」と述べたが、まったく同感である。ある類型に属するクライエントを7〜8例ぐらいやると、類型の本質が見えてくる。その中で最も印象的で本質が露呈した一例を綿密に検討するなら「事例を通しての研究」になりうる。

　以上のような二つの心理学的な接近法について明確に言及したのは、アメリカのパーソナリティ心理学者であるゴードン・オルポート(Allport, G.)であろう。彼は対象への「関心」の持ち方、つまり対象への接近法について次のように述べている。

　　人間の精神は二様式の関心を持つ…(中略)…その経験を分類し、そこに現前する一般原則に関心を持ち熟考することもあれば、それとは違って個々の事態や単一の出来事に関心を持つこともある。…(中略)…ウィンデルバントは「法則定立的な(nomothetic)」形態と「個性記述的な

39

（idiographic)」形態と呼んだ。どんな専門用語で呼ぼうと
も、自然科学が前者の思考様式を、歴史科学が後者の様式
を好むことは、多くの研究者の一致するところである。
（Allport, 1942/1970)

　言うまでもなく「事例を通しての研究」は法則定立的アプ
ローチに対応し、「事例それ自体の研究」は個性記述的アプローチ
チに対応する。歴史科学が個性記述的なアプローチを好むとす
るなら、心理臨床も再現困難な個別的事態を対象としていると
いう意味で、個性記述的なアプローチと相性がよいと考えられ
る。こうした区分に立脚するなら、臨床実践の事例研究の王道
は、個に迫る研究、すなわち「事例それ自体の研究」にあるので
はなかろうか。ユニークな「個」の検討と特異性を明らかにすれ
ばよい。まずは個性記述的な事例研究を丁寧に記述し、蓄積し
ていくのが自然な筋道だと思う。個性記述的アプローチの基本
姿勢は「事例それ自体をして語らしめる」ことである。

　ただそうはいっても、苦労した臨床経験を通じて見出したこ
とが、他の事例にも相当に通用すると気づくことも、私たち臨
床家の日常経験である。仮に、統合失調症と診断されたＡさん
と関わるようになり、発病して間もない頃から急性期を経て寛
解期まで10年以上（300時間）懸命に支援して、病いのさまざま
な局面を共に乗り越えてきたとしよう。この10年間から体験
的に学ぶことは実に多く、10人の統合失調症の人たちに1年間

だけ関わった場合（300時間）よりも、臨床経験の根がずっと深くなる。それに伴って汎用性のある実践知も蓄えられ、援助経過の見通しもきくようになる。Ａさんから得られた知恵を概念的に定式化すれば、同じタイプの統合失調症の人の支援にはきっと役立つであろう。法則定立的アプローチの基本姿勢は、詰まるところ「一例を通じて百例に迫る」ことである。

ここで但し書きを付けなければならない。研究者の関心の方向性によって「事例それ自体の研究」と「事例を通しての研究」に分ける捉え方は、事例研究の概論書にも書かれている。けれども、事例論文を読めば分かるように、現実問題として「あれか、これか」の二者択一で区別することは困難であろう。多くの事例論文は、事例固有の特徴と一般化可能な考察が入り交じっ

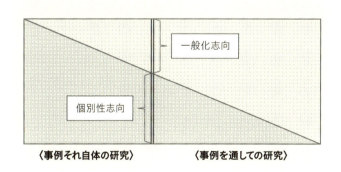

図2　研究の関心志向性の割合による位置づけ

ている。「事例それ自体の研究」に限りなく近い論文もあれば、「事例を通しての研究」を志向している論文もある。片方の極に個性探求的な事例研究があり、その対極に手段的な事例研究がある。図2に示したように、日常臨床の事例論文の多くは両極を持つスペクトラム上のどこかに位置づけられるであろう。

事例研究への批判を越えて

事例研究法への批判と限界については、実証主義の立場からいろいろと指摘があり、その批判への異論もある（Flyvbjerg, 2006）。代表的な批判を以下に五つ表題として挙げ、それらの批判に対する筆者の素朴な見解を付け加えておきたい。

批判1　単一事例から一般化などできない

この批判は最もよく耳にする批判であり、ある面では、分かりやすい批判であろう。一つの狭い経験でもって、たいした根拠もなく全体を推し量るなという批判である。しかし、私たちは事例研究での新たな気づきを実証研究と同じ意味で「一般化（generalization）」しようとしているのであろうか。直感的に「そうではない」と感じるであろう。サンプル（標本）抽出の論理とケース（事例）選択の論理は異なっている。では、事例を通しての研究、つまり手段的な事例研究などで目指している「一般化」

とは何を指すのであろうか。河合隼雄が「個から普遍へ」と語る
ときの「普遍性」とは何を指し示しているのか。この点は非常に
重要な論点であるので、第4章で詳しく吟味したい。

批判2　質的データが恣意的に選択されがちである

　実証的な調査研究はサンプリングの仕方に厳密性を要求す
る。その観点からすれば、事例の選択はたしかに恣意的である。
臨床の仕事でたまたま出会った事例から選ぶのだから、選択の
偏りと恣意性は免れない。もっとも「事例それ自体の研究」は対
象を限定して、その事例自体のユニークさを個性記述的に探求
するのであるから、この批判はあたらないだろう。「事例を通し
ての研究」の場合は、手持ちの諸事例から「これという事例」を
恣意的に選ぶことになろう。筆者は、「これ」と選択した事例を
典型事例（typical case）と呼んでいる。典型事例の多くは臨床家を
成長させるのに寄与した事例でもある。典型事例に関する概念
規定も第4章に譲りたい。

批判3　得られた知見の記述が冗長で要約が難しい

　これは批判というより、実態を反映した意見であろう。実験や
質問紙調査と異なり、事例を含む質的研究の結果は簡潔に要約
するのが難しい。量的研究のように有意差の有無で考察するこ
ともできない。多くの事例論文に目を通していると、目的や考察
の論点がぼけていて何が言いたいのか判然としない報告も散見

される。「新しい何か」を簡潔かつ明確に示すのはけっして簡単ではない。生身の事例だからこその着想を簡潔に物語り、抽象化された図表等を用いて変化を可視化する工夫も求められる。

批判4　研究者の予断が入りやすく主観的になりやすい

　事例研究は実践研究である。臨床家＝研究者であるから自分自身も分析対象となる。「観察的関与」という方法を採るので、臨床家の価値観や好みも観察や理解のありように紛れ込む。だから中立的で、機械的、脱価値的な関わりと観察など絵空事であろう。その臨床的な現実を前提にするなら、研究者の視座や予断、価値観や好みを必要に応じて自己開示するのが誠実な態度ではなかろうか。研究者の主観を科学の名の下に隠すのではなく、逆に主観や価値を露わに記述して可視化する。研究者の立ち位置が分かることによって、論文の読者は事例研究の内容を相対的に評価することが可能となるのではなかろうか。

　もう一つ付言したいことは、臨床学では、客観が素晴らしくて主観はダメであると決めつける先入観から解放されるべきだと思う。また、「主観」と一口に言っても素人の主観とプロの主観は異なるという事実もある。そもそも心理臨床のトレーニングとは、十分に訓練された認知様式を獲得し、十分に訓練された技の体系を学習していくプロセスでもある。その営みの産物を「訓練された主観性 (disciplined subjectivity)」とエリク・エリクソンは称した (Erikson, 1964/2016)。要は、主観を排除するのでな

第2章　事例研究の発展と批判

く、主観を訓練することである。

批判5　日常臨床の結果は多様で、知見の蓄積が難しい

　事前に計画された効果研究は知見が蓄積されうるが、日常臨床の事例研究は知見の蓄積がたしかに難しい。この指摘も概ね同感である。先行研究として事例研究の結論や考察を引用しにくいのも、それが一つの理由であろう。日々の臨床のシステマティック・レビューも困難であろう。代わりに欧米では事例研究論文をアーカイブとして蓄積する試みが始まっている[*2]。倫理的な障壁の問題があるが、わが国でも今後検討すべき課題であると思われる。

　「科学の知」の基準に照らし合わせれば、さまざまの角度からの批判は可能である。しかし、判断基準はただ一つではないはずである。また、弱点や限界があるから事例に基づく研究など無用であるとか、エビデンス水準が低いから意味がないと考える臨床家は、ほとんどいないと思う。そもそも弱点や限界のない万能な方法論など存在しない。臨床経験と向き合い、事例を徹底して検討し、より適切な臨床実践へと改善することを目指すことは、心理臨床家の責務の一つである。

　経済学にトレードオフ（trade-off）という用語があるが、「あちらを立てれば、こちらが立たず」といった二律背反の関係を意味している。臨床の場での有用性のみを追求すると、学問的な信頼性や妥当性が見落とされがちであるし、学問的な信頼性や

45

妥当性を求めすぎると、臨床実践での有用性から離れがちになる。その意味では多数のサンプルによる統計的研究と少数のケースによる事例研究は、トレードオフの関係かもしれない。その葛藤を抱きしめながら、研究者である前に一人の臨床家であることを大切にしたいと、筆者は思う。臨床の場で遭遇した興味深い事態を明らかにし、臨床実践の腕を上げるために、自分が活動する臨床現場を対象化し、時間をかけて丁寧に検討することは不可欠な営みである。その際に省察的アプローチの欠点や弱点をよく自覚しながらも、長所や強みを大いに活かし、事例研究を精緻化していくことが求められている。

〈注〉
＊1　私たちは、半世紀の心理臨床の歩みの延長線上に、いま立っている。臨床心理職が国家資格となったいま、日本の心理臨床の歴史を理解しておくことは意味がある。例えば、『境界を生きた心理臨床家の足跡──鑪幹八郎からの口伝と継承』（岡本，2016）、鑪（2012）による「広島大学における臨床心理学の小史」を参考にしてほしい。
＊2　系統的な事例研究に関する電子ジャーナルとして、"Pragmatic Case Studies in Psychotherapy" がある。オープンアクセスで、ピアレビューが行われている電子ジャーナルであり、事例に基づく知見のデータベースを目指している。

第3章
省察的な事例研究法

　前章で心理臨床の実践と研究の中心にある事例報告や事例研究について基本的なことを概説した。そこで、ここからは本書の狙いである普段の臨床実践における事例研究の詳細に重心を移していく。私たちが臨床実践を重ねる中で、スペシャル・ケースと呼びうる事例が生まれることがある。その特別な事例から気づいたこと、発見したことを論文にまとめ、他の専門家に評価を委ねる。普段の臨床実践を素材にするので、初めから研究をしようと意図したわけでなく、クライエントの求めに応じて懸命に援助してきた結果を事後にまとめることになる。つまり、大方において事例研究は臨床実践の「副産物」である。言うまでもないが、主産物は、クライエントの求めに応じて、心の成長や健康を促進したり、問題解決の手伝いをしたりすることである。副産物としての事例研究では、残された面接ノートや査定のデータ等の資料に基づいて、クライエントと一緒に歩いた問題解決の旅路を一つひとつ振り返り、目的を決めて検討する。本書では、これを「省察的」な営みと呼びたい[*1]。したがって心理臨床実践の事例研究のやり方を、省察的な事例研究

法（reflective case study research）と捉え、本書全体で、その考え方
と戦略について考えていきたい。

後ろ向きと前向きの二つのアプローチ

　研究法には多様なアプローチがある。事前に計画して、新たに
生じる事態を調査・研究することを「前向き研究（prospective）」、
過去の事態を事後的に調査・研究することを「後ろ向き研究
（retrospective）」と呼ぶ。後ろ向き、あるいは前向きの調査という
方法は疫学研究などで用いられている。例えば、肺がんの患者
たちと健康な人たちの2群に対して、これまでにタバコをどの
程度吸っていたかを過去に遡って調査する。その結果、肺がん
患者の群のほうが健康な人たちの群に比べ、喫煙の割合が有意
に高いことが分かった。以前の経験を遡って吟味するので、後
ろ向きコホート研究と呼ばれる。反対に、現在喫煙している人
たちが将来どの程度肺がんになるのかを長期的に追跡するのは
前向き研究である。

　日常の事例研究も認識の眼差しの向け方は同じように二方向
ある。臨床経験を振り返る眼差しは必然的に後ろ向きになる。
つまり、省察的な事例研究は、疫学にならうと後ろ向きの研究
法に位置づけられる。後ろ向きの省察的な事例研究に対置し
て、前向きの事例研究もある。ランダム化比較試験（randomized

controlled trial) のような心理療法やカウンセリングの効果研究 (outcome research) がその代表である。事前に研究協力者 (クライエント) に研究目的を説明し、承諾を得てから、あらかじめ決められた介入プログラムやプロトコールに沿って進めていく。だから独立変数 (介入等の変数) をかなりコントロールでき、従属変数の測定も計画的に実施できる。それゆえに、前向きの事例研究は「準実験的な方法」であり、エビデンス・レベルも後ろ向き研究より高いと、科学の視座から評価されている。

治療の「根拠」を明らかにするために、厳密な手順を踏む前向き研究が推奨されているが、それを行うとなると、相当な資金が必要になるので、大学等に所属する研究者が科学研究費などの研究助成金などを獲得して、研究チームとして実施する。だから、日々の臨床実践の事例研究とはかなり距離がある方法だと思われる。なお、こうした前向きの実証的研究については他の専門書に譲りたい (例えば、Cooper, 2008/2012；岩壁, 2008)。

後ろ向きに前進する心の営み

仲間と研究法の話をしていたとき、「後ろ向きという表現はネガティブな響きがある」と指摘を受けた。たしかに後ろ向きの姿勢というと好ましいイメージは伝わってこない。「後方視的」とか「回顧的」という訳語もあるが、やはり「後ろ向き」と表記

した。筆者が後ろ向きという訳語を採用したのは若干の経緯がある。2014年頃、岡本祐子の企画で、筆者と岡本の二人で恩師の鑪幹八郎に30時間の鼎談形式のインタビューを敢行した。そのオーラル・ヒストリー（口述史）をまとめ、『境界を生きた心理臨床家の足跡——鑪幹八郎からの口伝と継承』（ナカニシヤ出版）として上梓した。その語りの中で鑪の臨床家としての姿勢を表すものとして「後ろ向きに前進する」という発言があった（岡本, 2016）。その意味を摑みかねた私は食い下がって質問をした。

> **山本**：（前回のお話で）先生は「僕は尻尾を見ている。基本的に後ろ向きであった、後ろ向きに見ていた」とおっしゃいました。そのことの意味をもう少し説明して下さい。
>
> **鑪**：僕が「後ろ向き」と言ったのは、自分の足跡を確かめているという、そういう感じだったんですね。前向きでは足跡が見えない。後ろ向きだと見える。自分の動き、行動を確認するという意味。建築家の仕事のように、事前に企画設計をして、前向きに動いていくのとは違う。そうではなく、（一生懸命に取り組んだことを）「これでいいのかな、これでよかったのかな」と確かめながら歩いてきた。そうして「後ろ向きに前進」してきたら、いつの間にか、ああこういう道を歩んできたんだという感じがする。…（中略）…それが（自分自身の）「経験」を発見するということにつながる。（（　）内は筆者による）

第3章　省察的な事例研究法

「後ろ向きに前進する」とはこういう意味だった。鑪の人生は大きな夢や目標を目指して上昇志向的に突き進んでいくのとは異なる生き方だった。たまたま出会った現実を繰り返し吟味し、立ち止まりながらその意味を確認し、じっくりと理解を深めていく。その一生懸命に取り組み続けた努力の跡を俯瞰すると、結果的に何かを成し遂げていたと。説明を聞いて、私は「なるほど」と納得した。鑪は、生き方でも、心理療法の営みでも、自分の直接経験を丁寧に吟味し、後ろ向きに省察し、その過去経験の輪郭を明確にし、同時に意味を摑み取る作業を常にしてこられたのだと気づいた。

　私たちは日々の臨床で「治療目標」を意識しながらも、心理面接の流れを後ろ向きに確認しながら前へ進んでいる。まず面接後にその日の臨床経験を想起しながら、あるいは走り書きのメモを見ながら面接記録を書き記す。スーパービジョンでは他者の視点を交えてセッションを振り返る。機会があればケースカンファレンスに提出するためにレジュメを作成し、事例を相対化して物語る。さらに事例論文としてまとめようと思うなら、先行研究とも照合しながら、自らの臨床経験を客観的に位置づける努力をする。心理臨床家は臨床経験を幾重にも省察し、後ろ向きに比較検討しながら、より良い援助というゴールに向かって進んでいく。「根拠に基づいた心理臨床」を重視する臨床家であっても、自らの臨床経験の吟味と省察なしに臨床実践の腕を上げることは難しい。根拠 (evidence) の確認もさることなが

51

ら、自らの実践経験（experience）の確認と省察は欠かしてはならない。だから日々の臨床での事例検討とは、基本的に後ろ向きの確認であり、綿密な省察であり、その営みを介して、副産物としての事例研究が生まれる。

臨床家側の「経験」の結晶化

　それでは、綿密に検討し省察する対象は何であろうか。臨床実践の経験の本質、言い換えると、対象との相互作用の文脈で生成され、刻み込まれた臨床経験のプロット（筋）と言ってよいと思う。もちろん心理検査の所見や面接のモニタリングをした評価結果、他の専門職の意見などの客観的資料も重要な対象であるが、臨床家の省察の中心軸に据えられるのは、臨床家が五感を通して味わった臨床経験のプロット（筋）である。

　筆者にとって「経験」は鍵概念の一つであるが、ある哲学者が「経験は危険を伴う」と漏らしたのが耳に留まり、筆者にも思い当たるところがあり、語義を確かめた。なるほど、「経験」の英語experienceはexperiment（実験）やperil（危険）と語根が同じであった。英語の成り立ちにおいて、経験と実験、危険は同胞関係である。心理療法の経験も、同じような側面を持っている。治療的に出会うということは、双方にとって一種の賭けの要素を含んだ真剣な試みであり、もしクライエントの問題の根が深

第3章　省察的な事例研究法

ければ危険を伴いがちになる。そうなると心理臨床家の心を乱し、混沌とした経験に陥るかもしれない。それでも臨床家は経験と向き合い、記録と記憶をもとに省察し、仲間に示唆や助言を求め、事例検討会で議論してもらう。やがて混沌とした経験が整理され、何が起こったのかが見えてくる。さらに他の臨床家の報告に類似の臨床経験を発見する。文献でも再発見する。ついには実践知として結晶化する。筆者の臨床経験から「悪性の退行に関する事例」を提示し、その認識の深まりを三つのビネットで順に示してみよう。

悪性の退行に関する事例

　Ⅰ. 以下に述べるのは、筆者が大学院の修士課程の頃の経験である。Ａさんは統合失調症の診断を受けた若い男性だった。精神科に入院をしていたが、ある程度寛解したということで退院し、自宅で療養生活をしていた。ご家族からの依頼があり、筆者が訪問支援をすることになった。毎週2時間、自宅に出向いて話し相手になったり、一緒に公園を散歩したりした。Ａさんはどんよりとした表情で、とても寡黙であった。彼と筆者（院生）は年齢が近く、ちょうどピアサポートのような訪問支援であった。ある日、彼から「遠くの〇〇に行ってみたい」との自発的な要望があったので、一泊二日の小旅行を計画して出かけた。気を遣い

53

ながらも至近距離で二日間を共に過ごした。とくに問題も
なく無事に帰宅したが、まもなくＡさんの様子が急変し、
二人が共有する「世界」の相貌が変わった。突然に彼の内
面が覚醒し、深い気づきが語られた。並行して妄想・幻覚
様の体験を訴えはじめ、筆者が彼の妄想世界に取り込まれ
た。どうしてよいか筆者は分からなくなった。結局、彼は
再入院し、Ａさんは筆者の前から姿を消した。何年か経っ
て、「お元気ですか」という趣旨のはがきを受け取った。再
発のことは何も触れられていなかった。しかし私の記憶に
は、この出来事が傷痕のように深く刻み込まれた。

　当時、事態の意味を理解するために事例検討会に何度も
提出した。同時にフェダーン（Federn, P.）の自我境界の概
念、統合失調症や境界例治療に関する多くの論文や症例、
そして統合失調症の精神病理に関する論文を懸命に読み込
んだ。ことに土居健郎の「分裂病と秘密」（土居, 1972）と題
する論文はＡさんの事例と結びついて強く印象に残った。

Ⅱ．それから15年が経ち、筆者も中堅臨床家になろうと
していた。そんな頃に、もう一度Ａさんとの経験に似た事
態に陥った。今度は境界例水準の心の課題を抱えていた女
性のＢさんだった（当時、複数の境界例水準のクライエントの
支援を行っていた）。毎週１回の頻度で、定期的に心理面接を

継続した。Bさんにとってトラウマティックであった出来事が数か月にわたって語られた。その過程で彼女は幼い頃の不思議な体験を何度か語った。筆者には実際のこととは思えなかった。後から考えれば、それが悪化の予兆だった。ほどなく不安と混乱の状態に陥った。すぐには判断ができなかったが、「悪性の退行」だった。院生時代の経験も蘇り、心が痛んだ。すぐに医療につないだ。

その当時、面接の深まりとともに、クライエントが退行を引き起こし、精神病的な反応が現れたという事例をいろいろな機会で耳にしていた。筆者に紹介されてきたクライエントからも、前セラピストとの関係で「状態が悪くなった」という訴えを何度か聞いた。病態水準の慎重な見立て、心の侵襲性への配慮、それらを明確に意識した心理面接を進めるようになった。

Ⅲ. さらに10年近く経った。若い頃に統合失調症の幻聴・妄想に苦しんだという、初老のCさんと相談室で出会った。今度ばかりは、慎重に支持的に関わった。ある日、普段は穏やかなCさんの目つきが違っていた。にらむように筆者を見つめながら、「誰にも話していないけれど、むかし、すごく辛いことがあった。先生には、一度話しておかないといけないと思う」と漏らした。その気配から、立ち

入って聴かないほうがよいと直感した。若い頃学んだ土居の論文での示唆もふと思い浮かんだ。しばし間をおいて、〈その話はＣさんにとって、宝物みたいなものだから、これまで通り、私にも話さずに心の底に大切にしまっておくのが一番いいと思いますよ〉と応答し、今の暮らしの楽しい行事へと、筆者から話題を転じた。やがてＣさんの目から鋭い眼光が消え、なにげない話へと展開した。後日、その話はもう一度出たが、〈心の宝物は、話さない（放さない）！〉と筆者は同じ対応をした。その後、二度と語られることはなく、現実的な課題を整理して、面接は無事に終了した。もう三度目の失敗はしなかった。

　筆者は20〜40代の頃、病態水準が重い方との心理面接が比較的多かった。振り返ってみると、いわゆる「悪性の退行（malignant regression）」[*2]にクライエントが陥ったのは、上記の二例（心理療法としては一例）のみである。いずれも筆者の心に深く刻み込まれ、実に多くのことを学び続けることになった。自らの経験の省察や他の類似事例との照合を通して獲得した実践知のラベル（考えの要約）のみを記憶から取り出して以下に列挙してみよう。

　①面接過程の「評価」と臨床的判断の大事さ、②適切な対人距離の維持、③心の探索と支持のバランス、④侵襲性に心を配ること、⑤臨床家の違和感など逆転移の吟味、⑥心の底にひそむ

秘密の扱い方、⑦現実的で安心できる対話、⑧セラピストから話題転換する技法、⑨けっして一人で抱え込まないこと、⑩医師との連携のタイミングと工夫、などであろうか。

　当時の混沌とした体験が、構造化された経験の結晶として筆者の心に析出されるまでに長い年月がかかった。不成功の事例を過去のことにしてはならない。類似の事例とも比較照合し、何度も臨床経験を省察し、後の臨床実践に活かすことができれば、いわゆる「失敗を成功に転じる」ことが可能となるであろう。

後ろ向きの研究でのエビデンス

　今世紀になってから「根拠に基づいた医療（EBM）」、あるいは「実証的に支持された治療（ESTs: Empirically Supported Treatments）」など心理療法におけるエビデンスの問題が論議され、実証研究を積極的に行っている認知行動論系の療法が脚光を浴びている。他方、後ろ向きの症例報告や事例研究は科学的な根拠が乏しいとして、エビデンス・レベルの下層から2番目に位置づけられ、さらに臨床家の長年の経験に基づいた見解は最下層とみなされている（図3）。しかしながらエビデンス重視の医療のムーブメントを対人援助活動にも無批判に持ち込もうとすると落とし穴に陥る危険がある。治療ガイドラインに沿ってエビデ

ンス・レベルの高い技法をクライエントに適用すれば事足りるということではない。そうしようにも、さまざまの制約のある臨床現場ではガイドライン通りに進められなかったり、クライエントと摩擦や不信が生じて実施できなかったりする。また、セラピストが推奨される技法に熟達していればよいが、あまり訓練も受けないで下手に試みたりすると、かえってリスクが高くなる。

　私たちの臨床実践では、クライエントの価値観や意志を十分に尊重し、個々の臨床家が蓄えてきた実践知（経験知）と十分に

図3　エビデンス・レベルの階層
臨床実践ではエビデンスを参考にしながら、クライエントの要望および臨床家の実践知（経験知）を勘案して、臨床家が実践可能な最善の援助法を見出していく。

第3章　省察的な事例研究法

照合しながら関わることが大切となる。クライエントのニーズや意志、そして臨床家の経験知も、共に臨床実践を進めていく上での大事な「根拠」となることを見落としてはならない。なお、エビデンス概念の変遷や心理療法への位置づけについては、斎藤清二 (2013) が専門的な議論を提起しているので参照してほしい。

　蛇足であるが、省察的な事例研究でのエビデンスの捉え方について付け加えたい。根拠に基づいた心理療法という場合、「根拠」には二つの意味がある。一つは特定の援助技法に自然治癒以上の明確な「効果」があることを示しうる実証的な根拠である。いわゆる効果研究によって得られる類いの証拠である。もう一つは、クライエントの心の問題を読み解き、臨床的判断を行う際の羅針盤となる根拠である。実証的データからの根拠だけでなく、定式化された理論上の根拠もあれば、個々人の深い実践知という根拠もある。それらの根拠を検索し、組み合わせた上で、最適の落としどころを見極めているのが現場の臨床家の偽らざる姿ではなかろうか。

　なお、省察的な事例研究は「効果」のエビデンスの生成に目的を置いてはいない。だからといって、セラピーの有効性 (effectiveness) に関心が薄いというわけではけっしてない。臨床家である以上、関西弁で言う「治してなんぼ」の仕事をしている。だから、前向きの実証的研究とは異なる観点やツールで毎回の働きかけの有効性をチェックし、その結果を事例検討に反

59

映していくことが求められる。例えば、主訴の解決の程度、社会復帰の程度、家族や仲間関係の変化、やる気や意欲の高まりなど、心理社会的な要因の何がどう変化したのかを節目でモニターして、事例提示の中で言及する。クライエントの自己報告、臨床家の観察、面接過程の前後や節目での心理検査の所見、他のスタッフの評価などを用いて、それらの評価が概ね同じベクトル上にあれば、心理療法やカウンセリングの成果を具体的に示すことができる。こうした量的・質的指標を重ね合わせて用いれば、心理尺度の増減だけの評価よりもずっとトータルに成果を評価できるであろう。

〈注〉

＊1　省察には「せいさつ」と「しょうさつ」の二通りの読み方がある。「しょう」と読むのは省庁などの場合で、「せい」と読むのは内省、反省などがある。省察の意味は後者の仲間であるので「せいさつ」という読みを採用する。なお、哲学者デカルトに『省察』と題する著書があるが、正式な読み方は、やはり「せいさつ」だそうである。なお、reflective の訳語として「反省的」が多用されているが、「省察的」の語感を重視して、後者の訳語を採用した。

＊2　心理療法を進めていくと、比較的初期の段階で一時的に状態が悪化し、間もなく改善の道を辿りはじめることがよくある。「治療的退行」とも呼び、いわば治療の深まりに伴う副作用とみなせる。それに対し「悪性の退行」は潜伏していた心の病理の顕在化であり、治療に有害的に働く。したがって両者を識別する臨床眼を養わなければならない。

第4章

事例研究の戦略と意義

• • • •

　省察的な事例研究はどのように進展していくのであろうか。まず日常の臨床活動において遭遇した興味深い事態を「事例」として選択し、その臨床経験を口頭で、あるいは文章で物語ることを試みる。とくに事例論文では「観点」を明確化して執筆しなければならない。目的（問い）を定めて、綿密な事例検討を行うことで、新たな実践知が析出するであろう。それが他の臨床家の参考になるし、実践にも役立ちうる。つまり、その実践知に汎用性があると受け止められれば類似事例にも適用され、現場の状況に応じて修正され活用されていく。本章では、以上のような省察的事例研究の進展プロセスを念頭においた上で、事例の選択、研究の問い、物語る観点の3要素、一般化への論理について順に論考したい。

典型性を備えた事例の選択

　臨床家は事例研究の対象とする事例をどのように選ぶのだろ

うか。どんな事例が事例研究の対象になってくるのか。筆者の経験を振り返ってみると、強く印象に残り、新たな気づきを獲得した事例だったように思う。とても苦労して難渋した事例もあれば、不思議なほど魅せられて多くの気づきを得た事例もある。それらの諸事例は、心理面接が終結した後も、似通った臨床経験をすると繰り返し参照され、臨床実践を行う上で準拠枠の一つとなった。筆者にとってのスペシャル・ケース、それが「典型事例（typical case）」である。

　典型事例と聞くと、平均的で、定型的な事例を思い浮かべる人がいるかもしれない。不登校の事例を引き合いに出すならば、身体症状の訴えから始まり、登校刺激に強く反応し、引きこもりがちになるなど、定型的な推移を辿る事例を仮定するかもしれない。しかしながら、実際には、こうした事例が選ばれることは比較的少なく、極端な形を取った、非定型の事例が選ばれることのほうが多いのではなかろうか。

　改めて「典型性」とはどのような事態を指すのかを確認しておこう。ずいぶん前になるが、日本心理臨床学会大会のシンポジウムで中村雄二郎は以下のように語っている。的を射た意見だと思うので、ここに紹介しておこう。

　　典型というのは、人間の生き方をギリギリに推し進めていったところに出てくる。そしてわれわれがハムレット型人間（筆者注：懐疑的で苦悩し内面に生きる人）やドンキホーテ

型人間（筆者注：理想を求め、行動を重視する人）に共感すると
ころがあるのは、自分の中をどんどん掘り下げてくと、や
はりそういう生き方があるからなのですね。そういう点
で、ものの極限である限界にいくと、かえってものの典型
性がよく現れてくることがあるわけです。（中村，1986）

　普段のごく平凡な事態では「こと」の本質が見えてこないが、
「ものの極限」の事態では、潜んでいた「こと」の本質がしばし
は浮かび上がる。「こうなってみて初めて何が大切だったか、し
みじみと分かった」という語りをよく耳にするが、まさにかく
のごとき事態である。日常における偽りのバランスが崩れたと
き、「こと」の本質が露呈され、隠されていた真実に向き合わざ
るを得なくなる。だから典型性を備えた事例とは、「こと」の本
質が、スケルトンのように透けて見えるようになったり、やや
極端な形であらわれてくれたりする場合である。
　また、極限の事態だけが、「ことの本質」を露わにするのでは
ない。クライエントが自己表現して伝える力という要素もあ
る。クライエントの言語的または非言語的な表現力が豊かであ
ると、「ことの本質」がよく伝わる。つまり、心の中で何を考え、
どう感じているのか、そして何を求め、どこに向かおうとして
いるのか、そうした細部がよく伝わってくる。表現の媒体は、
「言葉」だけではない。描画や箱庭、夢などの「イメージ」でも
よい。豊かな表情や遊び（プレイ）などの「行動」でもよい。これ

らの媒体を通して本質的な特徴が露わになる。それも典型事例になりうる。

　まとめてみよう。典型事例とは、危機的な事態に置かれたり、クライエントの豊かな表現に助けられたりして、個別の事態を介して「ことの本質」が露わになった事例であり、臨床家にとってスペシャル・ケースの一つになりうる臨床経験である。

事例研究の目的と研究の問い

　事例研究では、必ず「研究の問い」がなくてはならない。いわゆるリサーチ・クエスチョンを明確にする作業である。「あなたはいったい何を検討（明らかに）したいのか」「その問いを検討することが、実践的にどんな意義があるのか」。学生時代に構想発表会などで、そんな質問を受けた経験のある人は少なくないであろう。取り組もうとしている研究の目的が何で、その目的を具体化する研究の問いとは何か。それが明確にならないと研究を前に進められない。にもかかわらず、漠然とした問題意識をはっきりさせて焦点を絞る作業は、しばしば難航しがちである。

　事例研究の問いを明確にする作業は、初めから問いが設定されている前向きの研究とは違い、実践の振り返りを通じて問いを見出すのであるから難しい。あれこれと文献を漁り、考えれば考えるほど、行き詰まってしまう。そのうちに狙いや問いが

変わってきたり、あれもこれもと取り込みすぎて焦点が拡散したりするかもしれない。そんな場合は、登山の途中で道に迷った場合の対処法を思い出してほしい。もし、焦ってむやみに歩き回ったり強引に前進したりすると、遭難の危機に陥るであろう。「もし道に迷ったら、もと来た道に戻る」のが最善の策である。事例研究に挑戦しようと考えたとき、何を面白いと感じて、または何に疑問を抱いて、他ならぬ「この事例」と向き合おうと思ったのか。その「初心」にこそ、研究の問いを明確にする重要な手がかりが埋め込まれている。だから、最初の関心や疑問、不思議に立ち戻り、研究の問いを洗い直すと、進むべき道が開けてくることが多い。それでも問いが鮮明にならないなら、いったん撤退するしかない。

　研究の問いを設定する大枠として、McLeod (2010) が事例研究の目的を四つに分類している。彼の分類を参考にしながら説明をしておこう。事例研究の問いは概ね以下の四つの目的のどれかに位置づけられるはずである。

　治療効果の問い　前向きの事例研究ではポピュラーな問いである。事例を通して、どのように心理療法が効果的であったかを明らかにすることを目的にする。セラピーの何がクライエントの変化をもたらしたのか。省察的な事例研究でも質的指標を用いたり、終結時にクライエントに振り返ってもらったりして、援助の効果や意義を確かめることができる。

　理論構築の問い　提示事例の治療過程で起きた変化は、どの

ように理論的に説明できるのか。あるいは既成の概念や理論は、どこを修正・改善すべきか。新たに補足すべき点はあるのかどうか。この場合、研究者の主な関心は理論モデルの修正や構築にある。

臨床実践の問い　どんな治療的セッティングや介入の仕方がよい結果を生み出したのかの問いである。広く捉えれば、事例を通して治療メカニズムを明らかにしようとする問いである。また個々のクライエントのニーズや特性に応じて、どのように技法を修正したのかを問うこともある。要するに、日常臨床の進め方や技法の改善という点に研究者の主な関心がある。

当事者の語りの問い　臨床家にとって、あるいはクライエントにとって、心理療法の旅路はどのように意味づけられ、物語られたのか。心理療法はどのように主観的に経験されて、どのように意味づけられていったのか。Kleinman（1988/1996）の『病いの語り』は、この問いに沿った研究の典型である。この場合、主な関心は、ナラティブ（物語）の観点から治療経験を明らかにすることにある。

事例を物語る観点──視座・視点・視野の3要素

　近くの小学校の校庭で遊ぶ元気な子どもたちの群れに見入ってしまうことがある。最初のうちは、バラバラに動きまわる子

どもの雑然とした姿が目に映るだけである。しばらくして「今の子どもたちはどんな遊びするのだろうか」と問いを持つと、繰り広げられる共同遊びや運動遊びが視野に飛び込んでくる。次に「一人で遊ぶ子どもはどのように過ごすのだろう」と疑問を持つと、集団から少し離れて一人遊びをしている子どもの姿が浮き上がる。それと同時に、他の子どもたちの群れは心の視界からフェードアウトする。何かの事態を観察するには観点を持って見なければ何も見えない。臨床経験の省察もこれに似ている。事例研究を行うプロセスで、「問い」や「観点」が重要な役割を果たすことは、これまでに繰り返し強調されてきた（鑪・名島，1991；鶴田，2001[*1]）。

　かつて藤縄（1976）は、レンブラント光線[*2]という印象的なメタファーを用いて、「レンブラントの絵に見られる光源によって、照らし出された人物、物体が、その対象の本質を自然光の下にあるより、ありありと描き出す」と述べた。つまり「観点」とは対象への光の当て方に他ならない。臨床面接の場が一つの「舞台」だと想像してみよう。面接の主役はクライエントとセラピスト（臨床家）だとすると、脇役は他のスタッフやサポーターたち。その臨床の舞台で進行するプロットに沿って、多彩な照明が当てられていく。どの位置から舞台を照らすのか、どこに向けてスポットライトを照射するのか、どの範囲までを明るく照らすのか。計画されたライティングによって、観客の視野が定まり、視線（視点）が導かれる。

やや説明が長くなるが、事例を観察し描写する「観点」を、さらに視座・視点・視野に分けて考えると、複雑な事例を提示する際の枠組みを自覚的に獲得することができる。

《視座》　視座とは、いわゆる臨床家＝研究者の立ち位置であるが、多様な意味が含まれる。学校臨床の場なら、チーム学校としての多職種メンバー、例えばスクールカウンセラー、養護教諭、担任、管理職など多くの視座がある。多職種連携が声高に求められる時代において、観点の一つである視座を意識して観察することは大切である。いずれの視座に立とうとも、臨床家として子どもや保護者の視座も忘れてはならない。さらに同じ心理臨床家の視座でも、よって立つ治療的オリエンテーションによって着目する視点（着眼点）が異なる。精神分析的な視座に立つのか、行動論的な視座に立つのか、ヒューマニスティックな視座に立つのか、あるいはシステム論的な視座に立つのかによって、事例の本質の捉え方、描き方が変わる。したがって、

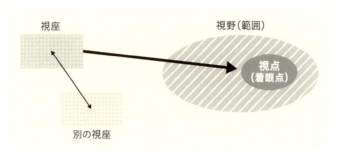

図4　視座・視点・視野の関係図

研究者が「何者で、どこに立っているのか」を簡潔に記載し、視座を明確にしたほうが、分析と考察の妥当性が高まるであろう。ただ、治療的オリエンテーションについては、わざわざ立場を名乗らなくても、文献や目的、用語、さらに介入の仕方を見るとすぐに判断がつくかもしれない。

　事例論文を読んでいて、セラピストの性別や年齢がよく分からず、それらを知りたいと思うときがある。例えば、以前、20代の愛娘を突然に亡くした母親（50代）の悲嘆カウンセリング事例を読んだが、臨床家の年齢が分からず、性別も著者名から判断しづらかったことがある。このようなグリーフケアの場合、若い女性カウンセラーが担当した場合と中年期の男性カウンセラーが担当した場合とでは、面接への母親のコミットの仕方や面接関係がかなり異なった様相になりがちである。前者の組み合わせの場合、喪われた娘への想いが活性化されやすく、その内的な動きに適切に対応できれば喪のプロセスが促進されやすいと仮定されるからである。だから、臨床家の属性（視座）が必要最小限の範囲で記載されていると読み解きやすいのである。

《視点》　観点の3要素としての「視点」で表そうとしたのは、眼差す対象（着眼点）である。先ほどのライティングの例えで述べるなら、明らかにしたい事象にスポットライトを当て、他の事象は暗くして背景に後退させることになろう。学術研究だから主観を交えてはいけないと考えて、事例の事実全体を公平に

薄く記述したとしたら何も描き出せない。目的で定めた視点に沿って厳格に編集作業を行い、ある箇所は厚く記述し、ある箇所は薄く記述すると、立体感のある臨床的リアリティが再現されやすくなる。視点とは、結局「研究の問い」に他ならない。研究の問いという視点が、文献検索から事例提示、そして考察まで、論文全体を貫く通し柱のような縦軸になっていく。

《視野》　第1章で述べてきた言葉と結びつけるなら、「視野」は「事例の範囲（単位）」に対応する。そして、視野は当然のことながら視点より広い範囲をカバーする。舞台と照明の例えになぞらえると、照明で照らされた範囲の舞台が視野で、スポットライトで浮かび上がる対象が視点である。第1章の末尾で、事例を「境界のあるシステム」と規定したが、設定された境界の内側のシステムが研究者の見渡す視野となる。その際に大きなシステムも俯瞰的に記述の中で言及しておくと、下位システムとしての事例が位置づけやすい。例えば、多職種が協働して一人の利用者に多方面からアプローチしている場合、支援の全体構図（上位システム）を俯瞰した上で、心理療法のプロセス（下位システム）に視野を限定して描いていくことになる。

　鶴田（2001）は、事例研究を行うにあたって、「自分について知り、仕事の現場について知り、現代社会との接点を知って」、問題意識を明らかにすべきだと述べている。とくに「仕事の現場」について自覚し、その場の特性に言及することは、事例を

位置づける上で必要なことである。例えば、不登校の子どもの
カウンセリング事例を経過に沿って報告したとしよう。カウン
セリングが行われた現場が、学校内なのか、適応指導教室なの
か、医療機関のクリニックなのかによって、援助の展開も意味
づけも違ってくる。だから、現場の状況や特性（上位システム）を
抜きにして、成功したカウンセリング経過（下位システム）だけ
を抜き出して提示しても、おそらく画竜点睛を欠く事例報告・
事例研究となるだろう。

事例からの一般化への論理

　リサーチとしての事例研究（ことに「事例を通しての研究」）を行
う際には、誰しも「事例からの一般化」という難問にぶつかるで
あろう。具体的に考えてみよう。不本意入学で休みがちな男子
大学生が学生相談室に来室した。そこでカウンセラーは学生が
語る話にひたすら耳を傾けることに専心し、これといって情報
提供も助言も行わなかった。彼も休まず来談し、想いを包み隠
さず語った。通いはじめて４か月ほどで、彼は徐々に大学生活
への適応を果たし、面接は15回ほどで終結した。セラピストは
改めて傾聴の力に新鮮な驚きを感じた。
　もし、この臨床経験をもって「傾聴の姿勢が不本意入学の学
生支援には有効である」と一般化して結論づけたら、誰しも首

をかしげるであろう。援助法全体へと一般化するのではなく、この事例自体にとどまって、この事例において「傾聴の力とは何であったのか」と研究の問いを立てる。その上で、いかなるコミュニケーションが交わされたのか、どのようにクライエントの経験が変化していったのか、背景となる面接関係はどうだったのか、（周囲のサポートや対象者の心の復元力など）治療外の要因はどのように働いていたのかなど、いろいろな角度から事例を綿密に検討して、「傾聴の力」の諸条件を明細化できたなら十分に事例研究となりうる。第2章で示した区分に従えば、「事例それ自体の研究」となろう。

　さらに、その事例研究を読んだ臨床家が、「なるほど非常に参考になる」とか、「自分も似た経験を持っている」「自分の考えをとても刺激した」などと共感を覚えて触発されるなら、一つの事例、一人の臨床家の経験にとどまらず、複数の読み手の経験と共有され、他の類似事例ともつながってくる。そうすると自然に響き合うように事例が累積され、「個から普遍への道」（河合, 2003）の一歩を踏み出せるのかもしれない。

　以上の例を踏まえて、「事例からの一般化の論理」について、少し思い切った考えを述べてみたい。結論を先取りするなら、事例からの一般化には、一つに、研究者が抽象度の高い概念やモデルへまとめ上げること、二つ目に事例の読み手の心の内で共感やアイディアが生まれ広がること、以上の二つの独立したレベルがあると考えられる。

レベルⅠ レベルⅠは研究の問いに対する答えを「概念的に定式化」する手法である。一つの事例の分析を通して、新しいアイディアなり概念モデルに定式化する。事例から示唆された仮説といってもよいかもしれない。『心理臨床学研究』の優れた事例論文の多くは、事例を通して興味深いアイディアを抽出している。この考え方を唱えた一人にインがいる。Yin(1994/2011)は「問題の所在は、一般化というとき"他のケース"に一般化しようとする考え方にある。そうするのではなく、研究者は発見したことを"理論"に一般化すべきである」と述べ、「統計的一般化」に対比して「分析的一般化」という概念を提起した[*3]。抽象度の水準を上げて、個々の経験を一段上に位置づけることを一般化と称しているわけである。要は、事例を手段としてモデルを生成する作業が、レベルⅠの一般化である。少し具体化するために、精神科医の中井久夫が自らの臨床研究の特質について簡潔に言及しているので、以下に引用してみよう。

　ケーススタディが中心になる科学があります。キノコ中毒学はすべて死体の上に築かれてきたといわれます。このように個別例が出発点なのはキノコ中毒学に限らないでしょう。なお、一つしかないものについての科学はあるかという疑問には、天文学や地理学の研究者は当然だと答えると思います。火星は一つしかありません。エベレスト山も一つです。宇宙も一つ、進化も1回きりです。私は、個

別研究を通じてモデルを作るというコースを考えました。これも一般化への道です。私の目的は分裂病（筆者注：統合失調症）に目鼻を付けることでした。（中井，1998）

　中井が語っていることは、まさにレベルⅠの一般化、つまり「モデル」への一般化についてである。彼は、統合失調症の個別事例を時間軸に沿って徹底的に観察し、精神症状相互の関係、精神症状と身体症状の関連などを一つのグラフで精緻に描き出したのである。

　レベルⅡ　知見の一般化を試みるのは研究者ではなく、事例研究の受け手の役割だとする考え方が、レベルⅡである。例えば、事例検討会において発表者が提示する事例の物語に耳を傾けながら、各人が心の中で自分の臨床経験や理論モデルに照らして考える。「報告を聞いていて、○○さんの事例を思い出した……」とか、「すごく面白い！　興味深い治療的なドラマを聞いているようだ！」とか、「このクライエントの描画の意味はロールシャッハ反応の理解の仕方に当てはめれば、○○○かもしれない」とか、人それぞれに連想する。このような現象をStake (1995) は「自然に生起する一般化 (naturalistic generalization)」と命名した。やや簡略化して表現するなら、聴き手の心の中でそれぞれの「追試」が行われ、心の中で事例の比較照合が行われる。その個々の照合作業によって、聴き手の概念的な枠組みが

第4章 事例研究の戦略と意義

刺激され、さらには修正されたり、強化されたりする。逆に、一般性の乏しい事例は聞いても心の中でレベルⅡの作業が生起しないので、心が動かないし、ちっとも面白くない。

ステークのアイディアとはまったく別に、河合隼雄は個から普遍への道を追求し、事例研究の意義を明らかにした。河合は一般化と呼ばず、「普遍への道」と称している。個性の極みにおいて普遍的なるものを見出そうとする立場である。河合は、科学における「没主観的普遍性」に対置して、芸術とも相通じる「間主観的普遍性」*⁴という概念に辿り着いた。すなわち主観と主観の「間」に生じる普遍性、言い換えれば人と人の深層に通底する普遍性に目を向けた。以下に引用する河合の主張の基本コンセプトは、（ユングの分析心理学をベースにしているが）レベルⅡの考え方の範疇に入ると筆者はみなしている。

　　事例を聴いた人は、（筆者注：個人差を越えて）すべて何らかの意味で「参考になる」と感じるのである。そういう意味で、それは「普遍的」と言えるのだ。…（中略）…なぜ、事例研究は「普遍的な」有用性をもつのであろうか。…（中略）…臨床の知を伝えるときには、事実を事実として伝えるのみではなく、その事実に伴う内的体験を伝え、主体的な「動き」を相手に誘発する必要が生じてくるのである。…（中略）…優秀な事例報告が、そのような個々の事実をこえて、普遍的な意味を持つのは、それが「物語」として提供されて

75

おり、その受け手の内部にあらたなる物語を呼び起こす動機（ムーブ）を伝えてくれるからなのである。（河合, 1992）

いわゆる「面白い事例」は、受け手の内部に新しい気づきや物語を誘発し、新たな探索の契機となりうる。反対に、聴いていて「面白くない」事例は、受け手の心が刺激されず、主体的な動きも誘発されないので、次の臨床活動につながらない。そのような事例は臨床実践の「参考にならない」から、普遍性を欠いているとみなされるのである。

繰り返しになるが、二つの論理を確認しておこう。レベルⅠは研究者が論文に執筆する作業であり、レベルⅡは"優れた"事例の聴き手や読み手の内面で自然に生じてくる作業である。これら二つのレベルは、統計的な意味での一般化とは異なる、事例からの一般化という臨床の立場からの考え方である。なお、レベルⅠとレベルⅡは異なる水準の作業であり、相互に独立している。レベルⅠのような概念化やモデル化がなくても、レベ

表2　事例から一般化に至る二つのレベル

レベルⅠ	• 手段的な事例から「概念的な定式化」を行う Yin, R. K.　　analytical generalization 中井久夫　　個別研究からモデルを作る
レベルⅡ	• 事例に触発され臨床家の「間」に共有される Stake, R. E.　　naturalistic generalization 河合隼雄　　間主観的普遍性

第4章　事例研究の戦略と意義

ルⅡの反応が共有されることもある。事例検討会等で（考察はないが）印象的な事例報告を聴いていると、参加者の間にレベルⅡの反応が自然に起こることも少なくないであろう。

〈注〉

＊1　鶴田（2001）は事例論文の「問い・観点」を明らかにする手順として7点を挙げた。①臨床経験の違和感やズレを言葉にする、②違和感を覚えた面接記録の読み込み、③独自の「キーワード」を探す、④さらに自らの視点を文章で表現してみる、⑤文献との照合を行う、⑥テーマを一つに絞る、⑦事例検討会や研究会で揉む。以上の一連のプロセスの中で、③のキーワードを見出すことを強調した。鶴田の学生相談の研究では、卒業期である4年生（4回生）の相談の特質を「もう一つの卒業論文」（学生の用いた言葉）と捉えている。

＊2　「レンブラント光線」は、画家レンブラントが好んで用いた技法で、上方の光源から対象にスポットライトを当て、対象を浮かび上がらせる光の用い方である。対照的に、画家フェルメールは窓から入る間接光を用いて室内の人物を神秘的に描いた。その方法は「フェルメール光線」と呼ばれている。

＊3　「**統計的一般化**（statistical generalization）」とは無作為に抽出されたサンプルから母集団の性質を推測する方法で、研究者にとっておなじみのやり方である。対照的に「**分析的一般化**（analytical generalization）」は研究者が特定のケースを選択し、概念や理論へ定式化する。「理論への一般化」とも称されている。なお、①生の臨床経験→②事例の視点の絞り込み→③視点の概念化・モデル化、と順に抽象度が高くなる。ここでは、最終段階の産物を「概念的な定式化」と名付けている。

＊4　主体と主体の間に創られる「間主観的普遍性」をそなえたXは、直接的に表現不可能で、人間の主体と主体のからみ合いを通じてのみ感じ取られると河合は述べている。こうした捉え方はユングの普遍的無意識やアーキタイプ（元型）の概念を想起させる。

77

第5章

倫理の「関所」への対処

● ● ●

　臨床に関わる実践や研究を行ったりする際に、筆者が倫理をはっきりと意識するようになったのはおそらく1990年代だったと思う。歴史的に受け継がれてきた守秘義務や私的関係を持たないことなどの原則に加えて、自己決定とインフォームドコンセント（説明に基づく同意）、多重関係の回避などの「新しい用語」が倫理リストとして加えられた。それらは職業的な実践を行う際のガイドラインとなった。そもそも実践（practice）という言葉には、理念に基づいて良いことを行うという意味合いがある。気晴らしの遊びをしたり、良くないことをしたりする時には実践とは呼ばないであろう。だから、臨床実践は常に倫理ガイドラインによって裏打ちされているといえる。なお、村瀬（2001）が「事例研究の倫理と責任」について集約的な論文を『臨床心理学』に寄稿しているので、参照されることをお薦めする。

倫理的配慮の現状

　多数のサンプルを統計的に処理する量的研究とは異なり、単一事例、あるいは複数の事例を徹底して分析する事例研究はその公表に伴い大きな倫理的リスクを伴う。つまり、対象者のプライバシー保護に関するリスクである。臨床家には守秘義務の大原則があるので、研究会や学会、専門雑誌で報告しようと思うと、原則として対象者の同意を得なければならない。すなわち守秘義務の一部を解除するために、対象者からインフォームドコンセントを得なければならない。建前から「それは当然の手続きだ」と述べるのは簡単であるが、本音レベルではなかなか難しい問題をはらんでいるし、いまだわが国の臨床家の間で十分なコンセンサスを得られているとは言いがたく、誰にとっても正解となる指針を見出すことはできていない。

　事例研究の倫理を考えるにあたって、省察的な事例研究を主に掲載している日本心理臨床学会のジャーナル『心理臨床学研究』の執筆ガイドラインをまず確認しよう。

心理臨床学研究　論文執筆ガイド [2016年改訂版]

　執筆ガイドでは複数の箇所に倫理基準が記されているが、最初に示されている「『倫理基準』の遵守」の項 (p.12) から引用する[*1]。

(1) 個人情報を研究のために使用する場合には、原則として、事前に当該者あるいは未成年であるとかその他の理由で意思表示や意思決定の困難な者に対しては、その保護者等代諾者に同意を得なければならない。同意は、可能な限り、書面で行うことが望ましい。

(2) 同意を得た場合においても、公表資料の中で当人を識別することができないように配慮しなければならない。そのために、人名、学校名、地名等を、Aさん、B校などアルファベットで記載するなどの工夫をしなければならない。

(3) 継続中のケースは原則として論文にしない。これについては、倫理基準には明文化されていない。しかし、年次大会の発表の条件としては大会案内に記載されている。理由は、継続中のケースについて論文にすることで、実践活動そのものに悪影響が及ぶ恐れがあるからである。ただし、対象者が長期にわたる精神疾患や発達上の問題を抱えたクライエント等の場合には、継続中のケースについて、大きな区切りを迎えたところで論文にすることはあり得る。

(4) 研究データの収集と記録、保持、報告、論文執筆など実践および研究活動全般において責任をもって厳正に研究データを取り扱い、不正行為（捏造、改ざん、盗用、剽窃、二重投稿など）を行ってはならず、またそうした

第5章　倫理の「関所」への対処

　　　　行為に加担してはならない。

　なお、学会誌編集委員会では、倫理に関するシンポジウムを繰り返し企画し、学会ホームページにも内容が詳しく掲載されている(宮崎ら, 2015)。他の心理臨床系の学会の倫理基準も大枠は似通った内容で構成されている。そこで、日本心理臨床学会の倫理基準から事例研究に関連する3項目を取り上げ、筆者の経験から若干の考察を加えてみたい。

1. 対象者(または代諾者)に事例公表の承諾を得ること。その上で同意を得たことを論文中に記載すること

　クライエントには自己の情報に関してコントロールする権利がある。だから、当事者に「説明をした上で同意を得る」という指針は重要な倫理的な手続きである。しかしながら臨床実践の省察的な事例研究の場合、なかなか難しい問題をはらんでいる。これまで事例を公表してきた人たちは、現場でどのように承諾手続きを取ってきたのだろうか。既刊の事例論文を精査しても、最後の謝辞で定型的に「クライエントの了解を得た」と免罪符のように書かれているだけの論文も少なくない。筆者が若い頃は明文化された倫理綱領がない時代だったこともあり、一部の人以外は学会発表等に臨む際に承諾を取ってこなかった。その代わり、専門家だけのクローズドな場で発表して、集団守秘を守ることを心がけた。

81

今日、倫理を取り巻く状況は大きく変わり、学術雑誌では承諾を得たことが記載されるようになった。だが、形式的に論文中に「倫理的配慮」の記載さえあれば大丈夫ということではなく、実質的にクライエントにどれだけ配慮できているかに思いを致すことが大切であろう。

2. 対象者がどこの誰であるかが分からないように匿名性を保つこと。個人を特定される恐れのある情報を削除したり、ぼかした表現に書き改めたりする

　承諾を得られても、対象者の身元が分からないように、不必要な情報を削除し、一般的な名称や記号的な表記、ぼやかした表現に書き改める。この作業はあまり葛藤なく行えるであろう。ただし、この原則にも例外がある。筆者の専門領域の一つであるグリーフケアでは、がん闘病者が実名で記載してほしいと申し出ることがある。なぜなら、自分の死を前にして「生きた証」として記録を残したいと願うからである。多くの人が闘病記を書き残す理由の一つは、自らが「生きた証」を残すことにある。また、特定の災害支援の報告などの場合は、東日本大震災などと地域の固有名詞を記さないと資料価値が低くなるであろう。

3. 治療的な関わりが継続中の事例論文は投稿できない。ただし長期にわたる精神疾患や発達上の問題を抱えたクライエント等の場合は例外である

第5章　倫理の「関所」への対処

　この指針も大切である。例えが良くないかもしれないが、「人事は棺をおおいて定まる」ということわざがある。生前は葛藤もあり公正な判断が難しいが、亡くなることによって冷静に見定めることができ、初めて人の評価が定まるという意味である。心理療法や対人援助は対象者の心の課題を解決する活動に挑んでいるので、途中経過の渦中では妥当な考察ができないであろう。加えて、援助の途中で学会発表すると、コメントやフロアからの反応の質によっては支援のプロセスがかき乱されて変化してしまいがちなので、無事に終結してから報告するのが安全である。

　慢性の精神疾患や神経発達上の課題を抱えたクライアントなどの場合は、10年以上のお付き合いになることも少なくない。そのような場合、支援が大きな山を越えて寛解状態になってから、もし許可が得られれば、長期の経過を振り返って、現在の立ち位置を確認することは意味のある作業であろう。より推奨される別のやり方もある。つまり、事例の背景や詳しい治療経過は報告しないで、事例の「断片」のみを分析して考察するのである。視点を絞って、興味深い一つのエピソード、一つの転機の局面を綿密に分析できれば、匿名性も格段に高まり、安全であるかもしれない。

　発表の場の性質によっては守秘の基準を変えることができる。専門家に限定された事例検討会の場合なら、「終結事例のみ可」と機械的に適用する必要はない。若い人の「研修事例」や

83

困っている事例を教育的配慮の下に検討する機会（集団スーパービジョン）では、プライバシー保護と資料管理を厳重にした上で継続中の事例を報告してよい。それがクライエントの利益になるはずだからである。この場合、報告者は事例発表の経緯と意図を明確に説明して、発表の冒頭でコメンターやフロアに協力を得る必要があろう。こうして同席者は専門家として「集団守秘義務」の責任を共に負うのである。

倫理的手続きという関所

　事例を学会等で報告する場合に対象者から承諾を得なければならなくなった契機の一つに、個人情報保護法の成立と施行があろう。現在の情報社会において必須の法制化であると思うが、その適用範囲が広がり、研究倫理の整備も急速に進んだ。その結果、倫理的手続きという厳しい関所を何回も通過しなければ論文が書けなくなった。

　心理療法やカウンセリングの結果、興味深い展開が生じ、治療的協働が成功裏に終わったとしよう。その意義を専門家の間で共有したいと考えても、わざわざ連絡を取って承諾の手続きを得るとなると躊躇してしまうかもしれない。真摯に発表してもクライエントには「直接の」利益にならないとしたら、何か悪いことをしているようで申し訳なく思ってしまう。だから、筆

第5章　倫理の「関所」への対処

者には厳しい「関所」と映るのである。しかし、越えがたい関所があるからといって、自らの臨床経験を深く省察すること、事例から学ぶことを止めてしまったら、実践研究は衰退してしまう。他の臨床家の臨床の実際も見えなくなり、専門家同士の相互チェックもできなくなる。これもまた倫理に背くことになる。臨床家が腕を上げるために、臨床の知を共有し、継承するためにも事例研究をけっして衰退させてはならない。

　筆者は30代の頃、近くに適切なスーパーバイザーを見つけられなかったので、うまくいかなかった事例があると、適切な解決策やヒントを求めて、事例検討会や学会で報告をした。その際に難渋してきた事例を四苦八苦しながらまとめ上げると、生々しい実践から少し距離を置いて事態を眺めることができ、内面の無力感や閉塞感が和らいだ。また学会等で発表して検討する際には関連文献も漁るために文献からも多くの示唆を得ることができた。うまくいっていない事例報告なので、自己愛的な動機が薄く、結果としてクライエントに益するとの考えが強かったこともあり、きちんとした承諾を得ずに発表した。そんな経験から、事例研究を通じての「失敗学」が発展すれば役に立つと考えた。失敗はいつも個別的であるから、事例検討が問題の解明には最も向いている。もし失敗を隠してしまうと、誰にも共有されず、後に続く臨床家も同じ落とし穴に陥ってしまう危険性がある。そのリスクを防ぐためにも、不成功の臨床実践を省察し、専門家の間で丁寧に検討し、共有の知として蓄積し

85

ていく機会や守られた場を設けていく必要があるのではなかろうか。専門家だけの十分に守られた機会なら、承諾がなくとも事例検討が可能となると、筆者は考えている。

臨床家の葛藤、クライエントの反応

効果研究を代表とする研究計画に基づく事例研究は、きちんと事前に説明し、同意を得られた協力者に対して心理療法が行われるので、事後的にお願いするよりは研究者にとって気持ちが楽かもしれない。つまり、援助と研究がセットになって契約が交わされる。またこうした研究の多くは一人で行うのではないので、自分だけで全責任を担わなくてもよく、研究チームの守りがある。それに対して、普段の臨床の中で遭遇した興味深い経験は事後的に一人で承諾を得なければならない。本来なら不用なはずの負担をかけるのではないかと気遣いをしはじめると、協力のお願いをすることを躊躇しがちである。承諾を願い出たとき、多くの場合、表向きは「ええ、分かりました」と了承の言葉が返ってくるが、心の底ではどのように感じておられるのだろうか。専門論文や書籍に記載することへの承諾を求めたら対象者にどういう影響があるのだろうか。こうした観点から検討した論文はきわめて少ないが、鑪（1999；2004）、田中（1999）らが思い切った報告をしている。

ここで、クライエントの生の声を掲載した報告を紹介する（鑪，1999；2004）。鑪はクライエントからの手紙を（考察をしないで）そのまま全文発表している。出版の許諾を求めた時に、クライエントはどう反応するのかが見事に示された例であるので、手紙の一部を引用し、筆者が学びえたことを述べたい。

論文の冒頭にはこう説明されている。

　　私（鑪）はクライエントとの心理療法の過程を出版する許可を求めた。そして原稿を送った。（原稿を読んだ）クライエントから出版の許可を与えられたが、許可を与える内的なプロセスは複雑であった。私の出版許可願いに対する返事にそのことが綴られていた。

クライエントからの返事に心を動かされた鑪は、彼女からの返事の手紙に関する出版許可を改めて求め、その掲載許可を得た。

多重役割になる戸惑い

　「この世界の中で、先生は私の支えです。それは信頼しているということでした。その人が私の内的な世界を公開するという。なんだか少しおかしい。それは何だ、私は一人の症例、事例だったのか。研究対象だったのか。」

彼女の「なんだか少しおかしい」という感覚は何を伝えよう
としているのか。クライエントの側に立って、筆者は想像して
みた。そして気づいた。「少しおかしい」とは、二人の『役割関
係』の変更を突然に提案されたことへの戸惑いに違いない。こ
れまでは、助けを求める人とそれに応える人、つまりクライエ
ントとカウンセラーの関係だったが、ある日、資料を提供する
人とその資料の分析結果を公開する人、つまり研究協力者と研
究者という役割関係にシフトさせられる違和感を率直に表明し
ている。それは彼女にとって想定外のことで、その意味するこ
とを心の中で受け止めるには気持ちを整理する時間が必要だっ
た。心理療法の関係は終結しているので、本来の意味では「多
重関係」ではない。しかし、心の中の対象関係の水準から見れ
ば、彼女にとって役割意識の混乱が起こったと推察される。考
えてみれば、臨床家側に起こる申し訳なさの感覚も同根の性質
を持つものであろう。

研究者の視点と用語への反発

　「先生は送ってきましたね、資料を。資料とはなんと言
うことですか。私は資料ですか。」
　「そして『主訴』…私が苦しんでいたのは主訴なのです
か。そういえばそうかもしれないけれど、私は苦しみから
逃れたかったのです…」

第5章　倫理の「関所」への対処

　私たち臨床家は論文にする際には、クライエント側の情報を事例素材とか資料、データなどと呼ぶ。けれども、その研究者の視座と用語は、クライエント目線からは非人間的な対象として扱われたと感じられ、内的な抵抗が生まれる。資料にしろ、事例素材にしろ、データにしろ、そう名付けた瞬間に、認知の水準で「信頼でつながれた関係性」から「切り離された分析素材」に変化させられる。通常の用語でさえも、クライエントにはそのように認知されるリスクがあることを私たちは理解しておかねばならない。もう少し一般化して理解すると、面接過程でクライエントと共有されていない「専門用語」の導入はクライエントにとって少なくとも最初は大きな異物と映る。共有されていない、後付けの解釈もそうであろう。鑪の事例研究の場合、面接過程で「合意による確認（consensual validation）」がしっかりとなされているので、事例素材の解釈への違和感は語られていない。

　彼女は草稿を読み、いろいろな想いを交錯させながら納得されていかれた。そして手紙の最後に、鑪への感謝のことばと共に、こう述べている。

　「最初に先生から資料を送られたとき、戸惑ったり、腹を立てたりしましたが、時間をかけてゆっくりと読んでみて、私は納得しました。読んで良かったと思いました。もう一度カウンセリングを受けたような気分です。その点で

89

は、いい機会を与えられたと感謝しています。…私は自分
のカウンセリングで得たことを確認できたこと、そして私
にとっての先生が相変わらずの人であったことでよかっ
たと思いました。」

　彼女は、自らの事例記録を読むことで「カウンセリングで得
たことを再確認」し、「もう一度カウンセリングを受けたような
気分」を味わった。許可を求められた当初は、多重関係に突如
変わったような違和感を覚えたが、納得してみれば、「鑪先生」
が「相変わらず」の姿勢で存在しつづけていることに深い安堵
の情を感じられたのであろう。
　クライエントの声の全文は、「クライエントにとっての事例
報告——あるクライエントの手紙から」（『鑪幹八郎著作集Ⅲ　心
理臨床と倫理・スーパービジョン』ナカニシヤ出版）に掲載されてい
るので、直接あたって対話してほしい[2]。

倫理的配慮における指針

　欧米のようなドライな契約社会とは異なり、日本的な気遣い
の人間関係の下では、倫理に縛られすぎると、多くの臨床家は
事例論文を書きづらくなる。倫理という厳しい関所を設けるこ
とで、事例研究を断念する臨床家が増えはしないかと危惧す

る。他方、心理臨床家は、クライエントや患者から教えられ、自らの実践を介して省察し、学び続けることが責務でもある。その臨床の知を秘匿しないで、広く専門家の間で共有し、ピアレビュー（同僚評価）を行うことも臨床家として大切な職業倫理であると思う。

さらなる議論のために、倫理的な配慮における指針を以下に列挙してみよう。

(1) 臨床実践の倫理と同じく、研究においても対象者を傷つけない配慮が必須である。記述に際しては n ＝ 1 の被験者というより、村瀬嘉代子の統合的心理療法での態度を表す言葉を援用するなら「クライエントを人として遇する」がごとき姿勢で行うという認識が必要である。なお、「遇する」とは客人をもてなす（接遇）という意味である。

(2) 倫理基準は各学会が独自に定めている。したがって専門誌に投稿する場合は投稿先の専門誌の倫理ガイドラインをきちんと確認し、それに従って研究を遂行し、論文を作成する。

(3) （専門家だけの集まりではなく）書籍等で公表する場合は対象者に丁寧に説明した上で発表の許諾を得る。もちろん対象者から断られた場合は掲載しない。加えて、支援を行った当該施設に倫理委員会が設けられていれば、そこでも倫理審査を受ける。

(4) 実際に行った倫理的手続きを（謝辞ではなく）論文の中で明

示する。その際、「クライエントの了解を得た」と形式的に
だけ記すのではなく、どの時点（事前・事後・出版前など）で、
どのような形式（口頭・文書）で得たのかを簡潔に記すこと
が望ましい。

(5) 全経過を記載した事例研究（full-blown case study）であるにも
かかわらず、なんらかの理由で了承を得ていない（得られて
いない）場合は、その理由を記載し、それでも報告すること
に意義のあることを説明する。あとは投稿先の編集委員会
の判断を仰ぐしかない（佐野ら，2015）。

(6) 上記の手続きを踏んだ上で、さらに匿名性の保持のための
適切な加工を丁寧に行う。ただし、対象者が実名掲載を特
に望む場合、被災など社会的に共有された出来事の場合は
例外とする。

(7) 大学等の訓練・研究機関に附属された相談室では、支援を
通じて学んだ成果を学術的に利用することがあることを面
接契約時に説明しておく。あるいは心理面接に関する説明
書があれば、その中に盛り込んでおく。もちろん、いつで
も辞退できることも説明する。いわゆる「オプトアウト（opt-
out）」と呼ばれる手法を参考にして行う。それで済んだとい
うことではなく、実際に紀要や専門誌に書く場合は再度の
確認と承諾を得るのが原則である。この場合は、研究計画
に基づく事例研究に近い方法となろう。

第5章　倫理の「関所」への対処

　職業倫理として、クライエントの尊厳と利益を守ることは最優先事項である。それと同時に、臨床家が自らの実践を振り返り、検討することを通じて臨床の腕を磨き、実践知を発見していくことも職業的要請である。二つの事柄は二律背反する要請であるようにも思えるが、起こりうるリスクを最大限に減らしながら、実践の中で力量形成を行い、ひいては臨床の知を蓄積し継承しなければならない。臨床経験に真摯に向き合って徹底して省察し、事例報告、あるいは事例研究として定着させる作業を行い、専門家の間で実践知を共有していくことが求められる。倫理という「関所」はけっして阻むためではなく、安全に通過するために設けられている。最終的には「事例研究を行う者は、責任は自分が負うという覚悟が不可欠である」(村瀬，2001) と筆者も思う。

〈注〉
＊1　「論文執筆ガイド」は、2022年に新訂版が刊行されている。
＊2　鑪による承諾の手続きの例は、書籍の一部として公刊する場合であった。おそらく原稿まで目を通してもらう例は、わが国では比較的少ないであろう。また学会発表等では口頭で許可を求めるだけの場合が一般的であろう。以前、筆者が承諾のお願いをしたら「お役に立つなら構いませんよ。でも原稿を読むのはちょっと……」と言われた方がいた。当事者の想いはさまざまである。

第6章

臨床記録を書き記す

・・・

　臨床経験の記録を書くことの意義や方法については、すでに多くの臨床家の論考があるので、本章は屋上屋を架す内容になるかもしれない。それでも、一つの章として書き起こしたのは、臨床経験と「省察的」に向き合い、事例に学ぶための基礎となるからである。

　臨床記録には、大別すると医療機関のカルテ（診療録）を代表とする公的記録と私的な面接記録（プロセスノート）がある。多職種連携の時代において前者の公的記録の持つ意味はきわめて大きい。しかしながら、公的記録だけでは省察的な事例研究の一次資料としては不十分なことが多く、臨床家自身の内的経験も含めて参与観察の過程を包括的に吟味するためには、詳しい面接記録が不可欠となる。そこで本章では面接記録を中心において検討してみたい。

第6章　臨床記録を書き記す

カルテと面接記録

　心理臨床の記録は、職域によって形式と内容が相当に異なっている。それぞれの職場には独自の様式やフォーマットが用意されていて、その用紙に記入することも多い。職場の公的記録簿の代表として医療機関の「カルテ（診療録）」があり、他方、心理療法やカウンセリングの際に個人的に書き残す「面接記録」がある。どちらか一種類だけ書くことも多いが、両者は性質がまったく異なるので、二種類の記録を作成する必要が生じることも少なくない。カルテは病院内スタッフの共有情報であり、患者から請求されれば原則「開示」するべきものである。他方、面接記録は個人のノートであり、原則として書き手以外の他者が閲覧する性質のものではない。だから、同じ臨床の記録とはいえ、記録目的も閲覧が可能な人も異なるので、異なる記録を二つ作成することはやむを得ないであろう。

　カルテ等への記録は、医師をはじめとして連携している医療スタッフと共有される。ゆえに他職種のスタッフが読んでも分かるように、心理臨床特有の専門用語を控えて、心理的支援について分かりやすく記述することが求められている。また「カルテの開示請求」が増えている現状を踏まえるなら、患者が閲覧することを前提として内容を吟味し中立的に記録しなければならない。さらにカルテ記載の様式は、日本診療情報管理学会

95

の「診療情報の記録指針」の診療情報記録の基本的考え方と視点（4）によれば、法令や病院のルールに基づいて行うことが要請されている[*1]。つまり、SOAP方式、あるいはフォーカス・チャーティング（FC）方式[*2]などに準じて記録することになるが、心理臨床家にはなじみが薄いかもしれない。加えて、心理療法の記録はSOAP方式等では適切に書けないので、定型の書き方を崩して、実情に合わせて柔軟に記録しているものと推察される。いずれにしろ、心理療法やカウンセリングを有効に進め、その実践を事例報告・事例研究としてまとめる場合には、公的記録だけでは分析資料（素材）として抜けが多く、量的にも質的にも不十分であることは否めない。

　そこで、臨床家自身のための面接記録が必要となる。一般に面接記録あるいは相談記録と呼び習わされてきたが、精神分析系の臨床家は「プロセスノート」と呼ぶ（藤山, 2003）。英語ではpsychotherapy notes または process notes と呼称されている。公的なカルテとは異なり、個人的な覚え書き（private notes）である。異文化の世界に参入して観察するフィールドワーカーが現場で書き留めるフィールドノーツと類似した記録である。記録を書くのは思いのほか時間とエネルギーが必要である。カルテは論理的に、かつ手短に書くので疲れは比較的少ないが、面接記録となると実践の省察という作業が介在し、時間と気力が残っていないと翌日回しになるかもしれない。カルテの記載は「頭脳労働」に近いが、詳細な面接記録は「感情労働」[*3]の要素が付け

加わるからエネルギーをより消費するように思う。もっとも面接や支援に力を注いだ後なので、すでに心身が疲れ切っているだけなのかもしれない。

記載量の凸凹と臨床家の記録態度

　事例報告のレジュメを作成するにあたって、過去の面接記録を読み返した時にセッションによって記載量が異なるのに気づくことがある。なぜか書き落としているセッションがあったり、やたらに長く書いているセッションがあるかと思えば、ほんの数行しか書き残していないセッションもあったりする。こうした記載量の凸凹はどうして生じるのであろうか。

　以前から気になっていたので、筆者の経験を振り返って考えてみたい。面接記録の記載量、あるいは臨床家の記載態度を3パターンに分けて考えてみよう。筆者は面接中の手書きメモを頼りに想起して、Ａ4判1枚以内を目安にパソコンで記録を入力する（コミュニティ臨床の場では、手書きで概要を箇条書きにして15行程度にまとめている）。通常、多くのセッションの記録はＡ4判1枚の範囲内に収まる。クライエントによる50分間の語りを、いくつかのテーマに分け、話の流れを保ちながら記録する。記録時間は30分程度。振り返りの時間が長いと40分近く経っていることもある。これが筆者の標準の記録の仕方である。

ただし、とても忙しい臨床現場だと30分も記録時間を取れなかったり、後回しにして記録を忘れてしまったりするかもしれない。どんなに忙しくても、少しは面接の痕跡を記録として残さなければならないであろう。

滑らかに記録できるパターン

　面接が終了すると、茶の湯でいう「独座観念」のひとときを挟み、やり取りを心の中で省察し、あとは一心不乱にキーボードに向かって打ち込む。そんなふうに記録できる日のセッションは、手応えのある面接が進展したと感じられている。面接関係において治療的な「好奇心（curiosity）」が活性化し、クライエント理解もそれなりに進展して、介入の手応えも悪くなかった時であろう。滑らかな記録は、順調な相互交流を示唆している可能性が高い。

記録することが乏しいパターン

　滑らかなパターンに対して、記録に残すことが乏しく、半分以下の記録量で終わってしまうパターンがある。こんなセッションは、面接が停滞気味で、似通った話題を繰り返し語っていたり、日常生活の些事と思えることを散漫に話していたりする。だから臨床家としての好奇心があまり刺激されず、相互交流の意味が乏しいと感じられてしまう。面接中のメモが残されていても、記録として書き残すまでもないと端折ってしまうこ

ともある。このパターンの場合、その原因がクライエント側に
あることもあれば、時にセラピスト側の好奇心の偏りや体調不
良に起因することもある。面接記録の乏しさはおそらく相互交
流や好奇心の不活性（貧しさ）に起因しているであろう。

まとまらず記録できない（または過剰記録の）パターン

　三つ目は、ため息は出るものの、整理された記憶が出てこな
いパターンである。面接後に気持ちの整理がつかず、ブロック
されて書けないと感じたり、書いて吐き出さずにはおれないと
切迫気味に感じたりする場合である。筆者の場合、第3章で言
及したような病態水準がボーダーラインとみなせるクライエン
トの面接において、あるいは心がひどく揺さぶられる面接にお
いて起こりがちであった。情緒的で深刻な訴えを吐露された
り、セラピストに挑発的な発言が向けられたり、あまりにも理
不尽な経験に触れたりした時である。いわゆる「逆転移的」な感
情的反応が生じて、クライエントの体験がセラピストの「心の
器」に収まりきれず、そこから溢れ出している状態である。セ
ラピストの経験の流れが激流となり、言語化という「出口」の手
前で溢れて渦巻いている感じであろうか。そのために、記録を
書いて整理したいのに言葉にならないと感じ、立ち往生する。
まさに「感情労働」というストレスに見舞われる。まとまったス
トーリとして書けないので、断片的に記録したり、箇条書きの
メモになってしまったりしたこともある。あるいは、逆転移的

99

な感情や葛藤を整理して、セラピスト側の気持ちを中心に記していくと、セラピストのストーリは明瞭になって、錯綜した事態を脇に置くことができてスッキリすることもあった。

　まとまらず記録できない、あるいは過剰に記録しすぎる状態は、セラピストの逆転移に伴う行動化とみなしうる。もし逆転移による記録パターンと見立てるなら、クライエントのアセスメントに利用できる。セラピストの心に何が起こっているのか直視して、自己理解を深めることが中心的な課題となる。そして、セラピスト側の記録行動のバリエーションがクライエントとの相互交流の何によって引き起こされたのかを省察し、言葉に変換して整理していく。そんな記録をあれこれと書き直しているうちに、心が晴れてきて心理療法で何が生起しているのかが理解でき、溢れそうな経験も心の器に収められるようになる。

　以上、滑らかに記録できるパターン、記録することが乏しいパターン、まとまらず記録できないパターンという三つのパターンについて述べた。記録量の凸凹という事実は気まぐれな現象かもしれないが、「関与観察（participant observation）」という事態の記録であるからこそ生起しやすい側面を持っていることも自覚しておきたい。面接記録における質的・量的な凸凹は、変化する相互関係における「いま、ここの場」での質を可視化する指標の一つとみなしうる。だから記録量の増減も手がかりにして、双方の面接へのコミットの度合いや関係性のありようを

見立てに利用することができるのである。

いつ、何を書くのか

　記録を書く営みに関する定番の問いは「いつ記録するのか」「何を書くのか」であろう。例えば、菅野信夫が「心理臨床における記録」(菅野, 2001)において詳しく述べているので参照してほしい。まず一つ目の問いであるが、いつ記録を書くのかは、心理療法の学派や種類によって異なるし、臨床家によっても異なる。一般的に考えて、人は同時に二つのことに注意を集中するのは難しいので、極論すれば聴くことを優先させるか、記録することを優先させるかになる。心理療法のオリエンテーションで区分するなら、精神分析的心理療法やパーソン・センタード・アプローチ (PCA) では、出会いの場の態度や関係性を重視するので、クライエントの語りを全身全霊で聴こうとする。そのようなセラピストのありようを治療機序の一つとみなしているから、インテーク面接以外ではメモを取ることを控えがちである。それに対して、行動療法や認知療法では、詳細な行動の連鎖を見極めたり、アジェンダを設定したり、認知の特徴に注意を向けたりするので、その場で記録するのが一般的であろう。かつて筆者が臨床心理士養成を始めた頃、「いつ書く」のかを巡って、行動論系の教員と力動論系の教員が教えることが真

逆で、受講した院生がどうすべきか分からずに混乱したことも
あったことを思い出した。

　筆者はある時期から親面接を中心にメモを取るようになっ
た。なぜなら筆者はエピソード記憶の力が弱いのか、直接話法
のままクライエントのことばを正確に記銘することが難しいと
感じていたからだ。しかしながら、関係が深まり、重要な語り
が展開すると、クライエントと向き合って二者関係を生きる
モードに自然にシフトして、メモを取ることを忘れてしまう。
いや、あえてメモは取らないで傾聴に専心している。そんな場
合、面接後に記録しようと思っても、直接話法の言葉として
残っていないこともあり、クライエントからの大事な贈り物を
摑み損ねた気分で、「もったいない」と感じることもある。

　二つ目の「何を書くのか」に関しては、治療的オリエンテー
ションに大きく左右される。つまり、心理療法の視点をどこに
合わせるかによって、書き記すべき内容や焦点が変わる。

　それにもかかわらず、臨床家として記録すべき内容に共通項
はある。以下で述べてみよう。

（1）待合室での様子

　面接記録とは、面接中のクライエントの語りや振る舞いの記
録だけではない。初来談の際の待合室での様子、母子並行面接
における母子の入退室の様子、受付の事務員や他のスタッフか
らの情報なども重要な情報を含んでいることがある。例えば、

田中千穂子は著書の中で、待合室での様子について息を呑むほどの迫力で描いている。

　「息子のことで相談を」という予約電話を受け、待合室に行った私は、険しい顔で背筋をピーンと伸ばし、斜め下を向いて座っている、渉くんのお母さんに出会いました。からだ全体が小さく震えているようにすら感じられました。緊張からというよりは、むしろ、怒りからといったほうがぴったりな感じです。鉄の鎧をぎゅっとまとい、死をも辞さずの覚悟で、敵陣に乗り込んだひとりの兵士といった悲壮感すら漂っていました。お母さんは「こころの底からこんなところに来るのは嫌なの」という叫びが全身からつき出ているハリネズミのようでした。…（中略）…私は、帰るときまでに、お母さんの着ている鎧の結び目が、少しでも緩み、風が通るようになればと思いました。（田中, 2011）

　おそらく面接記録にはもっと簡潔に記してあるのであろうが、来談時の観察の大切さが強く伝わってくる。そして、「事例研究」とは、事例素材を検討した産物だけではなく、まさに出会いの瞬間から始まっていることを教えてくれている。

（2）面接関係について

　協力的な面接関係（援助関係）の樹立は、対人援助活動の基礎・

基本である。心理療法の共通要因の研究（Lambert, 1992）でも示唆されたように、関係のありようが面接内容や治療効果に与える影響は実に大きい。面接関係のありようを見立てる場合、時に心理尺度を実施する場合もあろうが、普段はセラピストの「訓練された主観性」を媒介にして、関係性を評価することが一般的であろう。クライエントがどのような感情を抱えて面接に臨もうとしているのか、友好的な態度で自発的に来談しているのか、不安や猜疑心を抱えたまま来談しているのか。面接経過を記述する際には、そうした関係性に言及する必要がある。それに加えて、セラピストは眼前のクライエントにどんな気持ちを抱いたのかも、書き留めておきたい。以上のような関係性の観察と記述があることで、記録に奥行きが生まれるのである。

（3）語りの筋と表情や振る舞い

　面接記録のメインは、クライエントの語りの筋であろう。大事なセッションなら逐語的に書き起こすこともある。例えば、中村留貴子が、過食嘔吐を繰り返していた女性の面接記録の実際を提示しているので、ある日の面接から一部のみ抜粋して引用する。時期は症状がほぼ消失し、治療過程が好転している頃である。なお〈　〉がセラピストの言葉である。

　　こんにちは（荷物を脇の椅子に揃え、髪を整えてにっこり）……うまく言えないけど……そうかうまく言おうとし

第6章　臨床記録を書き記す

なくていいのか！……最近の私は、わりといつもここのこと（筆者注：面接のこと）が頭にあるんですよぉ～！…（中略）…前は自分が何を感じているのか考えもしなかったし、ただ食べることしかなくて、他には何も感じなかったし、考えてもいなかったし（苦笑）……だけど最近、食べること以外のこととかも考えてしまうというか……なんとなく言うのが恥ずかしい感じもするんだけど、外では本当にのびのびするんです（苦笑）……〈それは恥ずかしいことなのかしら？〉……もしかしたら、まだ私にも人並みの生活ができるのかもしれない、な～んて思っちゃったりして……。
（以下省略　中村，2010）

　記憶に基づいて、こんな逐語的なやり取りが詳細に再生できるとは、筆者には驚嘆と敬意しかない。きっと記録時間も長くかかるであろう。他にもこんな名人芸ができる臨床家を何人か知っているが、筆者には逆立ちしても不可能な技である。

　筆者の場合は、クライエントが語る出来事や想いを、裏に流れる意味文脈を推察しながら間接話法で記述する。必要に応じて、「怪訝そうな表情で」などと非言語的なメッセージも書き添えて、言葉による語りの内容を補完して書く。クライエントを特徴づけるような印象的な語りがあれば、その場でメモして「生の言葉」でそのまま記録に残すよう努力している。そして話題のテーマごとに3～4セクションに分け、小見出しを付けて

105

いる。

（4）セラピストの判断や介入

　セラピストの態度や応答は記録から漏れやすい。面接中のセラピストの気持ちや自動思考も記録から漏れる。また、五感を働かせて、懸命に傾聴していても、その態度や相づち、定型的な質問などは、自我親和的な体験であるだけに対象化されることなく記録もされないであろう。セッションで遂行した臨床的判断や介入（助言や心理教育、指示）などは面接の進路を左右するので必ず書き留めておきたい。

（5）クライエントの変化

　心理療法ではプラス面であれマイナス面であれ「変化」に敏感になることが大切である。面接への構えやコミットの度合いの変化、心身の症状や問題提起行動の変化、セラピストの気持ちや感情に関する変化、対人関係の安定化や広がり、話題の深まりや日常会話の増加、笑顔など表情の変化など、いろいろな局面が想定される。これまでなかったことが新たに生じる変化は気づきやすいが、これまであったことが徐々に弱まり減弱していく変化は見落としやすい。ゆっくりと成長や肯定的変化が生起するのを待つアプローチもあれば、短期間で操作的に変化を作り出そうとするアプローチもある。どちらに軸足があろうとも、クライエントの変化に気づき、見立てることは欠かせな

いので、観察の際の視点として意識し、以前の記録とも照合して記録するようにしたい。

（6）セッションの振り返りと評価

毎回の面接記録の末尾に、セッションの振り返りと評価を記しておく。筆者の場合、「印象と評価」という欄を設けて、その日のセッションでの気づきやアイディア、その日の面接に対する印象評価、次回面接に向けての課題などを、あれこれ振り返りながら箇条書きする。次の面接の時、「印象と評価」だけでも目を通しておくと面接をスムーズに始められる。

書くことの意義──なぜ書くのか

私たちは、なぜ面接記録を書くのか。援助や面接をしたら記録を書くのは習慣（仕事）だから。次の面接の前に記録を確認して、セラピーの連続性を保つために必要だから。スーパービジョンを受ける際の資料として必要だから。あるいは事例研究を行う可能性を見越して事例素材（資料）を蓄積しておきたいから。臨床家によって答えは多様であろう。

少し異なる角度から藤山直樹は本質を突いた意味を示し、「プロセスノートは、臨床事実を残すために記録されるのではなく、記録を取るという営み自体の持つ意味のために記録され

る」(藤山, 2003) と述べた。何かのためというより、記録を取る営み自体に意味がある。要するに、手段というより、目的であると明言したのである。

　私たちは臨床経験を言葉によって描き出して対象化する。セッションの経験を思い出し、書きながら再体験し、クライエント理解を深めようとする。その日のセッションでのセラピストとクライエントの間主観的経験を、「もう一人の私」が省察し、語りの筋を明確化しながら記録する。その大事な語りの筋を書き記すことで、中心的な経験が抽出され浮かび上がる。反対に、記録されなかった経験は意識の底に沈む。後日、ふと大事な話題を思い出して、書き加えられることもある。

　経験を想起して、意味づけて書き残しておかないと、治療の物語は生まれない。さらに事例報告として編集され、連続性を持った物語として再構成されて、初めて事例が臨床家の心の内で息づき住みはじめる。臨床経験を記録し、省察し、編集しないと、やがて色あせ、忘れられてしまう。筆者には、かつて150回以上のセッションを重ね、20年以上もの間、手紙での交流を保った印象的なクライエントがいる。いつか何かの形でまとめたいと願っていたが、膨大な面接記録やメモ、彼女からの手紙などを整理し、関連づけて省察して、大きな事例として形にする機会をついに逸してしまった。その理由の一つは、あまりに資料が膨大すぎて着手できなかったことにある。自分を賭けないと前に進むことができないような難しい事例であったが、イ

第6章　臨床記録を書き記す

ンテンシブな心理療法の交流は、双方にとって間違いなく意義深い経験を残し、臨床家としても大いに鍛えられた。やがて心理療法の旅は無事に終わったが、その旅路の全行程の「物語」は書き残されないまま、段ボールに保存していた資料や手紙も定年退職を機に思い切って廃棄した。臨床家にとって典型事例は何らかの形でまとめて書き残さない限り、いつまでも「旅の物語」は完結しないように、現在の筆者には感じられるのである。

〈注〉

＊1　日本診療情報管理学会（JHIM）では、診療情報記録の基本的な考え方と視点を5項目で述べている。要点を整理して紹介する。(1)「**説明責任**」を果たすための記録としての役割。(2)個人情報であるので「**診療外の利用目的では患者の同意**」が必要である。(3)チーム医療のために「**記録・情報が共有**」される。(4)法令や病院の「**ルールに基づいた記録**」を行い、統計的評価の資料とする。(5)倫理委員会の審議を経て、患者の同意の下に「**臨床研究と教育研修**」に役立てる。

＊2　「SOAP**方式**」とは、主観的データ（S）・客観的データ（O）・アセスメント（A）・支援計画（P）で構成される記載方法で、どう見立てて、援助をしようとしているかに重心がある。他方、「**フォーカス・チャーティング（FC）**」とは、データ（D）・臨床家のアクション（A）・患者のレスポンス（R）から構成された方法で、患者の訴え・出来事に対して、どう臨床家が働きかけ、患者やクライエントがどう反応したかを書くので、心理臨床ではSOAP方式より使いやすいと思われる。

＊3　感情労働とは、対人サービス等に従事する人で、相手が理不尽な態度をとっても、がまんして感情を抑えて笑顔で接することで精神的ストレスを抱え込むような労働を指す。ここでの用い方は原義を拡

109

大解釈している。つまり、心の中の対象関係（セラピストの内なる **Cl.-Th.**関係）を省察し、面接のリアリティを再現するのも感情労働となることがある。

第 **7** 章

論文執筆のプロセス

• • •

　本章では事例研究論文を計画し、執筆する際のポイントを、準備作業の段階、論文作成の段階、草稿完了後の段階という三段階で説明していく。省察的事例研究は、これまで私たちが歴史的に積み重ねてきた営みと本質的に異なるものではないが、習慣化した固定観念を批判的に検討しながら、少しでも厳密で精緻な事例研究の書き方を模索しようとする意図が本書全体の根底にある。ここでは概念的な枠組みを示しつつ、かなり具体的な執筆上の留意点も示している。なお、第6章までに論考してきた「事例研究の考え方と戦略」を前提として本章を書いているので、先の各章を再確認しながら読むことをお薦めしたい。

準備作業の段階

　臨床家は長年の臨床活動を通して、たくさんのクライエントや患者、利用者と出会う。そして、多くの担当事例の中から、ある事例を選んでカンファレンス等で発表する機会を持つ。毎

111

年、複数回は発表する臨床家も少なくないかもしれない。けれども単数事例研究の本格的な論文を学術雑誌や紀要に投稿するとなると、（個人差が大きいとはいえ）普通は生涯で数本程度、それも「比較的」若い頃に集中しがちではなかろうか。

　ふと労働災害の経験則である「ハインリッヒの法則」[*1] を連想した。ハインリッヒの法則を真似て書くなら、〈一つの優れた事例論文が採択される背後には、事例検討会での9事例の詳細な発表経験があり、さらに背景には日々の臨床での100事例の経験がある〉と見立てられる。これは筆者の連想に過ぎないが、例えとして引き合いに出したのは、諸条件が整って事例論文を公開できるまでに至るのは、それくらいの比率の幸運な出来事（贈り物）なのかもしれないと思い至ったからである。

　事例研究を試みる前に、適切な場で事例報告を行うのが自然な手順である。先行研究のチェックや詳細な考察などは抜きにして、ひたすら実践経験と向き合って、ある程度焦点を絞って省察し、事例報告のレジュメを作成する。そして専門家だけのクローズドな検討会で議論してもらう。そこで、いろいろな「声」が聞けるが、たまに厳しい声にも出会う。厳しい声を投げかけられて、傷ついたり、落ち込んだりという経験を、ほとんどの臨床家が持っていると思う。それは事例検討会の「副作用」であるが、小さく抑えられる手立てを講じなければならない。副作用があるにしても、あまり恐れずに発表すべきだと、筆者は思う。厳しい声であっても、時間と距離を置いて考え直して

みれば、案外自分の盲点を突いたコメントであることも多い。
（学会の事例発表も含めて）事例検討会とは、複眼的な視座からの
多声的なコメントの場であるので、事例研究を行う前段階とし
て活用することをお薦めする。

　準備段階として、もう一つ残された作業は倫理的手続きに関
する慎重な検討である。第5章でも触れたように、例外を除い
て継続中の事例は論文化してはいけないし、終結直後も時期尚
早である。終結後、少なくとも数年以上経てからが望ましい。
学術誌投稿に際しては、支援の最初か最後の頃にインフォーム
ドコンセントの手続きを取ったことが最低限の条件となろう。
もし許可を得ないのならば、掲載可能な素材提示の仕方を工夫
していくべきであろう。研究の問いによっては、背景情報を省
いてシングルセッションだけ扱うとか、治療的コミュニケー
ションの一部だけを素材にするとか、複数事例から事例の断片
（fragments）を抜き出すなど、素材提示の仕方を工夫することに
よって掲載可能になることもある。なんとか見通しがつきそう
なら、いよいよ事例研究の着手である。

論文作成の段階

事例論文の構想と構成

　学術論文には定型的な論文構成がある。もし執筆要項（投稿規

定) に示された定型から逸脱すると、受理すらされないかもしれない。心理学の実証論文では、原則として、問題と目的・方法・結果・考察・引用文献から構成される。しかし、事例研究を含む質的研究の領域では非定型の論文構成も目にする。また学会誌によっても、見出し等の細部が異なる。臨床系の学会誌は、治療的オリエンテーションによって、観点や根拠が異なるので、それに応じて論文構成や書き方の作法も異なっている。多様な治療的オリエンテーションを包括している『心理臨床学研究』における事例論文の標準構成は、Ⅰ問題と目的（倫理的配慮を含む）、Ⅱ事例提示、Ⅲ考察、となっていて大枠はシンプルである[*2]。

　心理学論文では必ず記載される「方法」の項目が脱落しているのではないかと疑問に思う読者がいるかもしれない。けっして脱落してはいない。なぜなら事例研究においては、面接の枠組みや介入方法、分析の三つの観点などが、研究方法に相当するからである。繰り返すと、面接の時間や頻度、場所の設定、セラピストとクライエントの組み合わせなどの「面接構造」をどう設定したのか、そして、どんな基本的態度と関わり方（介入法・支援プログラム）で対象にアプローチしたのか、さらに事例分析における観点（視座・視点・視野）は何かといった側面を明らかにすることが研究方法に対応している。以上のような「枠組み」を通して、面接内容が意味づけられ、治療効果が評価されることを明瞭に認識しておかねばならない。

第7章 論文執筆のプロセス

問題と目的

研究の問い（リサーチ・クエスチョン）や目的、それと関連して観点（視座・視点・視野）の重要さについては第4章で詳述した。これらを明細化することは事例研究の成否を分ける中心的な作業であろう。実証研究の場合は、目的や作業仮説が具体的に明示されるが、事例研究の場合は探索的な狙いが多く、曖昧に書かれる傾向がある。「事例それ自体の研究」と「事例を通しての研究」では目的が異なり、後者のほうがより焦点化された研究の問いを必要とする。もう一度、事例を分析する視点となる「目的」なり「研究の問い」が明確化できているかどうかを確認してほしい。心を動かされた初心の動機を振り返って吟味して、援助過程での気づきや疑問を言葉で表現して明確化する。論文の執筆にあたっては、〈先行研究〉〈事例素材の選択〉〈考察〉が研究の問いで貫かれて構成されていると、首尾一貫した論文となろう。例えれば「研究の問い」は三色団子の縦串である。縦串は一本で十分である。何本もあると邪魔になって仕方がない。

次に先行研究の検索と読み込みの作業がある。もっとも先行研究に当たることと研究の問いを明確にすることは「行きつ戻りつ」の往復作業である。自分の研究的関心がどの領域に属しているかを意識して内外の文献検索をすれば、きっと関連文献は見つけられる。それにもかかわらず、事例研究として投稿された論文の中には先行研究のレビューが不十分な場合が少なからずある。事例報告なら文献はなくてよいが、事例研究の論文

115

では必須要件である。また、手に入りやすい商業雑誌や概説書のみ引用されたり、ごく最近の文献しかなかったり、反対に古典的な文献のみだったりもする。これではレビューが限定的である。古典的な研究にも当たり、最近の研究にも当たる。それに加えて投稿先の学会誌の論文を丁寧に検索して、関連する論文があれば参考にする。もし参考にしたなら、先達に敬意を払って文献引用するのが倫理的な作法である。

　筆者の若い頃の投稿経験を思い出してみると、日本語の文献だけ挙げていたら、英語の関連文献をレビューすることを求められたり、研究の草創期の主要論文が抜けていることを指摘されたりした。急いで論文を取り寄せ、次の審査期日までに懸命に読んで引用したものである。繰り返しになるが、報告（case report）と研究（case study research）を区別し、後者の場合は文献を探索し、自らの研究と比較・照合した上で考察を行わなければならない。

事例素材の選択と事例提示

　事例素材[*3]は相当量の面接記録から研究の問いに沿って抽出されて編集作業がなされる。鑪・名島（1991）は、事例素材の構成の仕方をアルバムの作成に例えている。物語的なアルバムを作成するには、撮り溜めた多くの写真の中からテーマに沿った写真を厳選し、プロットに沿ってアレンジしなければならない。写真の数が少なくては話がつながらないし、多すぎては冗

第7章　論文執筆のプロセス

長なだけで焦点がぼやけてしまう。その際に大事なのが「観点」
である。恣意的な編集とみなされないためには、第4章で示し
たように、観点（視座・視点・視野）の3要素を考慮し、それらを
意識しながら編集作業を進めていく。

　研究目的と「観点」に応じて、すべての面接記録からどこを選
択して提示するのかが変わってくる。支援の始まりから終わり
までの全プロセスなのか、特定のテーマの関連したプロセスな
のか、ある問題の場面や局面の複数提示なのか。最も多い単一
事例研究（single case study）なら、開始から終結までの支援の全プ
ロセスを提示するのが定石となっている。さらにフォローアッ
プセッションに代えて「後日談」が添えられている例も少なく
ない。

　しかしながら、事例提示の仕方は定石の構成だけに縛られな
いほうがよい。特定のテーマや素材を中心に限定的に提示する
こともある。例えば、箱庭作品や描画などのシリーズが該当す
るであろう。また、認知行動療法では介入プログラムと評価尺
度のグラフを軸にして提示することが標準的なスタイルであろ
う。ゲシュタルト療法（空の椅子）や解決志向アプローチなどの
事例では、クリティカルな局面のやり取りがトランスクリプト
で提示されるかもしれない。グループ・アプローチならグルー
プ全体の相互作用を分析単位とするのか、ファシリテーターに
視点を合わせるのか、あるメンバーに視点を置きながら全体を
視野に入れるのか、目的に応じて異なる提示方法を工夫してい

117

かねばならない。あるいは多職種連携の事例なら、事例システムを拡大して全体像を明確にした上で、当該研究の「分析単位」を同定する必要も生じるであろう。

トライアンギュレーション

事例素材の選択に関わることで、トライアンギュレーション（triangulation）に言及しておこう。トライアンギュレーションとは「三角測量」を意味する。質的研究が盛んになって多角的に複数のアプローチを行うことを意味する用語として定着した。心理臨床に引き戻すと、①面接ノート（カルテを含む）、②心理検査データや観察結果、③描画やコラージュ、箱庭などの作品、④面接過程での評価尺度、⑤他のスタッフからの情報、などを多角的に重ね合わせて、アセスメントや解釈の「根拠」（エビデン

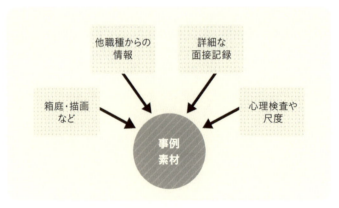

図5　事例素材のトライアンギュレーション

ス)を示し、客観性や信頼性を高めようとする手法である(図5)。事例を検討会で発表して仲間たちから多様なコメントをもらうことも、事例解釈のトライアンギュレーションにつながる。

　要するに、多くの目(手段)で観察して、多くの声(情報源)を聞いて、研究の問いに迫るわけである。ただトライアンギュレーションも欠点が一つある。「船頭多くして船山に登る」のことわざのように、資料や情報が多すぎて視点が定まらず、整理がつかなくなり、論文としての一貫性を欠くリスクも生じやすい。妥当性の高い素材やデータに絞り込んで事例を提示し、一貫した考察を行うことがとても大事だと思う。

グラフや図・表を挿入する

　大方の場合、省察的な事例研究は治療の旅路がストーリとして物語られる。それを補完するのが検査結果、描画や箱庭、さらに図や表である。認知行動療法の事例では、セッションごとに心理尺度で状態像を測定して折れ線グラフで示したり、問題行動の生起頻度をグラフ化したりして、介入効果を評価している。数量的な物差しで、症状や行動の推移が一目瞭然に分かる。省察的な事例研究でも視覚的な指標をもっと活用できないかと思う。描画や箱庭のシリーズを挿入することは、誰もが知っているし試してもいる。家族療法でなくても込み入った家族関係ならジェノグラムを書くと分かりやすい。波瀾万丈の生活史、あるいは長い病歴は、簡単なタイムライン(年表)があると把握

しやすい。いずれも視覚情報なので、一目瞭然である。もう一つ、面接過程を俯瞰的に把握する方法がある。面接過程での症状の推移や出来事を時系列でグラフ化する方法である。治療経過ではないが、中井久夫の統合失調症の症状経過を示す見事なグラフを筆者は思い出す。例えば『最終講義──分裂病私見』（みすず書房）には、こう記されている。

　　私は、分裂病特異的と考えられていた症状とそうでない症状とを区別したり、分類せずに、起こった順に事象を縦軸に、時間を横軸にしてグラフ用紙に書き込みました。ちょっとした工夫なのですが、やってみるとその意義が明らかになりました。こうすると症状のシークェンスが分かるのです。周期性をみることもできます。このようにグラフをつくっていくと、分裂病の現れ方は時間単位によって全く様相を異にすることが分かります。(中井，1998)

　グラフ化することによって、長い経過を辿る支援はもちろん、比較的短期の支援であっても、距離を置いて眺めることができ、パターンや特徴を視覚的に確認できて、興味深く発見的な作業となることであろう（例えば、山本，2014の第9章の図を参照）。

研究の問いに対応した考察
　事例提示はいわば「方法」と「結果」を合わせて示したセク

ションに相当する。いよいよ「考察」のセクションで「研究の問い」に対する解答を論考することになる。東畑（2017）は、執筆プロセスの5番目を「事例を心理学用語に翻訳して考察にしよう」と要約している[*4]。このシンプルな標語の趣旨を誤解して、事例素材（事例）に心理学用語や特定の理論を当てはめて解釈する作業と考えてはならない。概念や理論を当てはめて論じるだけでは、何の独創性も新しさもない。例えば、エンド・オブ・ライフの段階にあるがん患者の心の軌跡をキュブラー・ロス（Kübler-Ross, E.）の5段階（DABDAモデル）になぞらえて、その状態を「翻訳」するだけでは研究とは呼べない。時折これに類するような「当てはめ」の考察に遭遇することがあるので、あえて警鐘を鳴らしておきたい。事例研究は心理療法のプロセスと同様に、すぐれて「発見的な」作業であることを忘れてはならない。東畑開人の標語にならうなら、「〈研究の問い〉への発見的なアイディアを先行文献と比較照合しながら位置づけ、考察しよう」としておきたい。

論文題目・キーワード

執筆の最後に題目とキーワードを確定する。論文題目は論文の本質を示す「看板」である。『心理臨床学研究』などの諸論文を見ていると、盛り込みすぎの長すぎるタイトルが目につく。反対にタイトルが短すぎたり抽象的すぎたりして何の研究かよく把握できないものもある。鑪（2001）は「経験的に言うと、適

切な題目がつけられていることは内容の優れた論文が多いようである。論文題目が長かったり、不明瞭であったりした場合、いろいろの内容が混在している可能性が高く、要注意である」と述べている。論文草稿が完成したら、最初の仮タイトルをよく点検して、論文内容と整合性のある簡潔な題目に修正し、文字数は副題（できれば副題はないほうがよい）も含めて最大で35文字以内に収めるようにしたい。

　キーワードは、公共性のある用語から選択したい。著者（研究者）が独自のことばを造って並べても、他の研究者からは検索されない。検索されなければ引用されにくい。短い文のキーワードも散見するが、やはり内容や形式を端的に示す専門用語か熟語が妥当であろう。

草稿完了後の段階

　学術雑誌の編集委員の経験を振り返ると、執筆要項から外れた原稿、決まった書式にならっていない原稿、誤った表記や誤字がやたらと多い原稿など、何かの理由で慌てて投稿したのではないかと疑わせるような論文に少なからず遭遇した。草稿を書き終えたら何週間かは寝かせて、執筆した時の自分と距離を置いて、新たな気持ちで原稿を見直すことは欠かせないであろう。最終段階で、執筆要項と照らし合わせて、要項に則ってい

第7章　論文執筆のプロセス

るか、図表を含めて制限枚数を超えていないかをチェックしなければならない。時間を置いて俯瞰的に見直すと、意外に見落としや思い違い、意味不明の文章を発見するものである。本書の趣旨を反映したチェックリストを13項目だけ選んで、参考までに表3に掲載した。

　自己点検が終わったら、「さあ投稿しよう」と焦らないほうがよい。今度は、協力してもらえそうな仲間や先輩にお願いして、第三者によるチェックをしてもらうと投稿論文の質が格段に上がる。事前の準備的なピアレビュー（査読）と考えてよい。そして「謝辞」にその貢献を明記しておく。同じ分野の専門家に査読をお願いできると最善であるが、適任者がいなければ、専門分野の異なる臨床家でよいと思う。少し違う目線から（誤字や意味不明という指摘を含めて）の役立つ意見をもらえることが多い。あるいは所属している研究会等で発表できるのなら、そのメンバーで論議してもらうのも一つの方法である。ただいろいろなコメントを無批判に取り入れると、論理の一貫性が乱れて、つぎはぎの文章になることもあるので、主体的に取捨選択することが大切である。

　投稿した後、通常は論文が査読者2～3人に振られて、それぞれの立場から査読が始まる。（学会や投稿時期によって異なるが）数か月から半年くらいして結果の通知が来る。初めて投稿した人は、厳しい査読意見に接して自尊心を傷つけられるかもしれない。不採択の通知だった場合、頑張って書いたぶんだけ、通

表3　事例論文のチェックリスト13項目

✓	論文草稿の点検内容
	投稿先の執筆要項に記載された形式や制限字数に沿って作成しているか。
	事例研究の目的、あるいは研究の問いを明確にして記載したか。
	内外の先行研究（文献）の検索と引用は適切になされているか。
	臨床家＝研究者の観点（視座・視点・視野）を意識して記述しているか。
	事例内容・事例素材の選択や構成は妥当か（過不足のない素材・データ）。
	研究対象者の同意を得ているか、得ていない場合は理由を記しているか。
	クライエントの語りや行動の記述だけでなく、セラピストの判断や介入を記述しているか。
	可能なら、簡潔な「図」や「表」を作成し、変化や結果を可視化しているか。
	考察の内容は、研究の問いへの答え（論考）になっているか。
	本文の引用（例：山本，2019）と文末の文献一覧が一致しているか。
	キーワードは検索可能な一般性を持っているか。
	論文タイトルは副題も含めて概ね35文字以内で分かりやすく示しているか。
	第三者に論文草稿を点検してもらって、内容の妥当性を確認したか。

第7章　論文執筆のプロセス

知に接した際のショックも大きく心が折れそうになるかもしれない。優れた研究者であっても、一度は苦汁をなめた経験があるものである。不採択なら仕方がない。なぜ不採択になったかを自己点検し、身近にいる研究者に不採択になった論文を読んでもらって理由を探るのも一案である。意見を聞き、冷静に見直せば大方は納得せざるを得ない。

　もし修正の機会が与えられれば万歳である。査読者の意見を把握して適切に修正さえできれば採択される可能性が高いのだから。一度で採択される論文はきわめて少ないので、修正（後）再審査になれば順当である。批判的な査読意見がついていても「ここが問題点で、ここさえ修正できればより良い論文になるはずです」と改善指導を受けたに等しいので、自らの論文への「応援」と受け止めて読むとよい。ただし、三人の査読意見の評価は必ずしも一致はしない。たまに査読者間で正反対の結果になることもある。よく納得した上で修正しないと、「直す前の方がよかった」と評価されて、せっかく修正したのに不採択になることも珍しくはない。修正したにもかかわらず、もし不採択になってもくさって断念しないで、他の学会誌に修正して投稿したり、査読のない紀要に投稿したりして、せっかくの「臨床活動からの贈り物」を活かす道を探ることをぜひ薦めたい。

〈注〉

＊1　アメリカのハインリッヒ（Heinrich, H. W.）が1930年代に発表した労働災害に関する経験則で、1件の重大事故の背景には、29件の軽微な事故があり、その背後には300件のヒヤリ・ハット（ニアミス）が潜んでいるとするもので、「1：29：300の法則」とも呼ばれている。

＊2　『精神分析研究』の標準的構成は、Ⅰはじめに、Ⅱ臨床素材、Ⅲ考察、Ⅳ結論、である。セッションごとではなく、面接経過を何期かに区分して、臨床素材が物語形式で提示される。また、アメリカのフィッシュマン（Fishman, D.）らが、*Pragmatic Case Studies in Psychotherapy* と称した電子ジャーナルがある。そのサイトに投稿するためには、九つの項立てで構成されていることが求められている。参考までに挙げておく。①事例の文脈と方法、②クライエントの概要、③臨床や研究に対する中心的な考え方、④クライエントの査定（生活史や強み、目標を含む）、⑤援助の方針や治療計画、⑥治療経過、⑦治療のモニタリング情報、⑧面接過程と効果の評価、⑨文献。今後、事例研究の改善を考える際の示唆になると思われる。

＊3　研究対象とする「事例」には面接記録、表現療法の作品、尺度や検査データ、セラピストの情報、他職種からの情報など多様な資料が含まれている。それらの呼び方として、事例資料・（事例）記録・臨床データ、臨床素材などいろいろな表記があるが、本書では事例素材（case material）と統一して表現しておきたい。

＊4　東畑（2017）は、ありふれた事例研究執筆マニュアルを下記のように大胆な筆致で示している。1. 頑張ってケースに取り組もう。2. 先行研究を把握しておこう。3. 三段論法で問題を書こう。4. お決まりの物語と文体を模倣して、事例を編集しよう。5. 事例を心理学用語に翻訳して考察にしよう。6. 発表したら、相手を正気の人間だと思って対話しよう。

第8章

事例検討会(カンファレンスを含む)の心得

- - -

　ケースカンファレンスや事例検討会は心理臨床家の仕事と切り離せない。両者とも事例について協議するので、カンファレンスと事例検討会をあまり区別せず、同じような意味合いで互換的に用いていることもある。本章では、臨床施設内で行われる業務上必要な事例検討を「ケースカンファレンス(以下、カンファレンス)」と呼び、開催される場所は問わないで専門家が集まり、事例を多角的に検討し合う機会を「事例検討会」と呼んで区別しておきたい。いずれの場であれ、発表者は参加者のさまざまの意見を聞いて、自らの盲点に気づくことも多く、クライエント理解や援助の仕方について視野を広げることができる。他方で、時に厳しいコメントに接して発表者の自尊心が傷つくこともある。ことに心理臨床のビギナーでは起こりがちであろう。そうした事情もあり、最近では事例検討会の運営の仕方を工夫するなど、より有意義な事例検討のあり方が模索されている。

カンファレンスや事例検討会の目的と意義

　カンファレンスは協議する目的によっていくつかの場合がある。まず、相談室等で新しく受理したケースについて、スタッフ間で情報を共有しながらアセスメントや援助方針について検討する査定（インテーク）カンファレンスがある。また、継続中のケースで困った事態に陥ったり、緊急の介入が必要になったりした場合に、関係するスタッフ間で対応の仕方を話し合う緊急のカンファレンスもある。その他、スタッフ全員が口頭で短時間、担当ケースの現在を定期的に報告して、いまの状況や課題を分かち合う定例ブリーフィングもある。

　カンファレンスはケース担当者の見立てや援助方針の確認と相互検討が主な目的であるが、スタッフ間で情報共有をはかり、仲間としての連携を促進することにも役立つであろう。さらに個々の援助や面接において何が進展しているかの気配が、他のスタッフに伝わる仕掛けにもなる。それが相談施設の危機管理にもつながる。

　カンファレンスが進行形の援助をリアルタイムに報告するのに対して、事例検討会はタイムラグがあり、援助経過を振り返って協議する。面接などの援助が一山越えた後、あるいは中断や終結した後で、レジュメや関連資料を準備して、いろいろな方向から光を当てて、参加者全員で事例の本質を読み解いて

いく。複数の参加者による多声的な検討であり、トライアンギュレーション（検討の多元化）の一つとなる。発表者は参加者の質問やコメントに刺激されて、いろいろな示唆を得るだろうし、議論に参加した者も事例を素材にして学ぶことができる。

なぜ参加者も学べるのか。その理由を阿瀬川（2009）は「ある特定の症例は『例題』なのだということです。その症例についてみんなで『検討する』ことが、本番に備えての練習やリハーサルになっているのだと思います」と述べている。筆者も「詰め将棋（将棋の終盤力を磨くための例題）」を解くのに似ていると考えたことがある。要するに、事例検討会は、参加者にとって疑似体験的に「事例の筋」を読み解く力を鍛える場である。換言すると

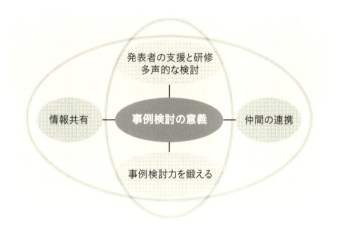

図6　事例検討の目的と意義

横の楕円はカンファレンスの目的と意義を表し、縦の楕円は
事例検討会の目的と意義を表す。

「事例検討力」を訓練する場であるとも言える。図6で、いま述べたカンファレンスと事例検討会の目的と意義を簡略化して図示した。共通項が多いが二つは力点が異なる。

有意義な事例検討会になるために

　いろいろな事例検討会に参加してみると、正直なところ当たり外れがある。興味深い報告に当たると、頭の中がフル回転してやや興奮気味になる。大いに刺激されてアイディアが膨らむ。それに対して、筆者の視座からすると退屈したり、後味の悪い気持ちになったりする検討会に遭遇することもある。なぜかと考えてみると、一つに発表者の準備の不備やプレゼンテーションの下手さがある。用意したレジュメを早口で機械的に読み上げられても、聴き手としてはついていけず、考える隙間さえない。また、クライエントに関する症状や問題の説明ばかりで、臨床家との関係性のありように言及されず、臨床家側の気持ちや判断も報告で述べられないならば、提示事例で生起している事態を読み解くことがほとんど不可能になる。こんな場合は事例そのものにコメントする前に、事例報告の仕方そのものに注文をつけたくなる。

　もう一つ、検討会が楽しくなくなるのは、（外部の研修会や学会で）参加者からのコメントが攻撃的すぎて場の空気を凍らせて

第8章　事例検討会（カンファレンスを含む）の心得

しまう時である。ドキッとして一瞬心の動きがフリーズする。なにも和気あいあいとした雰囲気で進める必要はないが、発表者をやり込めるようなコメントで場の空気が一変し、発表者も参加者も発言しづらくなるようでは困る。進行役やリーダーが場の空気を変えることができればよいが、それができないと、気持ちに暗雲が立ちこめ、事例検討会からの帰りの足取りが重い。発表者が身近な人だと、終わってからそっと慰めの声をかけることになる。最近経験した事例検討会では、発表者に直接質問する前に参加者同士でよく話し合うという時間を取った。そうすると場の緊張が和らぎ、参加者の切迫したような質問もなくなったように感じた。見知らぬ人同士の研修会などでは有効な進め方かもしれない。

　一方、有意義な事例検討会では、一つのセラピーの物語を聞くことを通して、参加者が臨床的好奇心を刺激され、さまざまの角度からの質問によって、事例の理解が徐々に深まるプロセスを共有できる。そのようなプロセスが起こるためには、発表者や参加者の力量だけでなく、事例検討の場を促進する指導者（ファシリテーター）の力も大きく貢献する。興味深い事例で触発される場になれば、第4章で論じた、事例からの一般化の「レベルⅡ」である「間主観的普遍性」が刺激され、「自然な一般化」が生じるのを参加者は味わうことができる。ある発表者の一つの事例をこえて、参加者が担当した他の事例とも何かが響き合う。そんな時は、いま学んだこと、着想したことを忘れないよ

131

うにメモを取るだろう。そして、参加者の実践知も厚みを増したように感じる。もっとも、このような充実した感情を持てる機会はけっして頻繁に起こることではない。

　有意義な事例検討会にするためには、どのような点に気をつければよいであろうか。まずは、事例発表者が留意すべきであろう点を、筆者なりの経験から以下に記してみよう。

　① 専門家の中での事例報告は**プレゼンテーション**の一形態である。参加者がプレゼンに惹きつけられ、想像し思索する「間」が生まれるように語れるとよい。発表する場のルールにもよるが、原稿の棒読みは避けたい。

　② 学会などでは発表時間を目安にして、**レジュメや資料の枚数**を計算して制限時間内に収まるようにしなければならない。資料が多すぎると時間が足りなくなり、参加者は頭の中で情報を整理できず、消化不良のままに終わってしまう。必要に応じて口頭で補足できる程度の控えめの分量がちょうどよい。

　③ 発表者は時間内で何かを得るためには、あらかじめ自分なりの**検討課題を具体化**して臨むのがよい。言い方を換えると、何に困っているのか、何に迷っているのか、何を発見したのか、それらが参加者に伝わると、事例検討の焦点が定まりやすい。ただし、検討課題に縛られすぎないで意見交換できる場の自由度も必要である。

　④ 家族歴や生活史など、背景情報を最初にすべて一括して記載するより、面接経過で実際に**語られた順に記述**したほうが

よい。とくに見立て（アセスメント）に関しては面接経過の前に示すのではなく、面接の進展（実態）に沿って説明を加える。なぜなら、実際の順序通りのほうが聴き手にとっては治療プロセスを**追体験**しやすいからである。

　⑤　**臨床家の主観の動き**（感情・思い・判断）も記述する。セラピストの内的な動きが表現されると、発表者の意図や狙いが分かって、臨床的リアリティが伝わってくる。臨床家の動きの**楽屋裏が垣間見える**ような報告のほうが立体感のある報告になるであろう。

　⑥　心理療法の基底に流れる**援助関係に関する記述**も忘れてはならない。どの程度作業同盟は結ばれているのか、双方に不信感や無力感が漂っていないか。もし臨床家の心底に逆転移的な感情があるならば、可能な範囲で自己開示できるとよい。

　⑦　クライエントの問題点や病理性ばかりにとらわれすぎると全体像が見えなくなる。セラピストの視座だけから見立てるのではなく、クライエントの**適応への対処や自助努力を含めて捉え直す**と理解が進むこともある。**リソースや強み**の報告も忘れないこと。

　⑧　医学や心理学の専門用語で抽象的に語ると説明の時間の倹約になる。しかし、事例の提示では専門用語や学派に特異的な用語（ジャーゴン）で武装せずに、**日常用語で具体的に物語る**ことを基本とすべきであろう。具体的に生起している事態を描写した上で、後から専門用語を交えて考察を述べることはもち

ろん可である。

事例検討会の運営の仕方

　事例検討会を有意義にするためには、まず発表者が適切にプレゼンテーションすること、次に参加者が協力して前向きに議論すること、そして事例検討会の進行役や助言者が運営の仕方を工夫しなければならない。「言うは易く行うは難し」であるが、刺激的で生産的な場にするための努力を惜しんでならない。

　事例検討会にどんな進め方があるのか、筆者も自らの経験の範囲でしか分からない。最近の試みでは、進め方がマニュアル化されているものもあるが、大方は臨床現場や検討会の指導者の個性に委ねられて臨機応変に行われていると思う。筆者が参加した事例検討会を思い出してみると表4の4タイプくらいであろうか。

　事例検討会のタイプを分けるにあたって三つの基準で考えた。一つ目は詳細なレジュメ（報告資料）を用いるかどうか、二つ目は事例検討の比重がコメンターにあるのか、参加者にあるのか、三つ目は発表者の傷つき（侵襲性）への配慮がどの程度なされているのか、以上の三つである。

　伝統型：伝統型は私たちが一番なじんでいる進め方である。司会者（と助言者）がいる場で、まず発表者がレジュメに沿って

まとめて発表する。その際、面接経過に入る前に事実関係の質疑応答があって、参加者それぞれが事例概要を把握する。その後で面接経過が最後まで説明される。そして参加者による自由な意見交換がなされ、最後に座長や助言者が総括的なコメントをしてまとめる。一つの「型」であるので、多くの場で慣行にならって行われている。

欧米型：欧米型と名付けた進め方は、筆者の狭い経験から名付けただけで、欧米の一般的なスタイルかどうかは分からない。それも、招聘した臨床家による事例検討会の印象である。発表者が事例の提示を始めると、途中で確認の質問が矢継ぎ早になされる。そして数セッションの説明の後、臨床家の見立てがどんどん話され、発表者とのやり取りが行われる。一段落すると、続きの事例発表が行われる。要は、事例素材の提示に沿って、

表4　事例検討会の運営タイプ

	レジュメの有無	進め方
伝統型	全経過の レジュメ	発表者がまとめて発表。参加者が質疑を行い、助言者が総括的なコメントでまとめる。オーソドックスな方式。
欧米型	概要と要点の レジュメ	発表者が発表→コメンターが質疑とコメント→続きの発表→追加のコメント（繰り返され理解が深まる）
達人型	レジュメに 頼らない	発表者とコメンターがケースを交えた臨機応変な対話。フロアはライブの対話を観て考えて楽しむ。
構成型 PCAGIP法 など	簡単な資料のみ （書記が黒板に記録）	発表者が課題を述べ、参加者が質問し、段階的に事例の全体像を把握する。グループファシリテーション重視。

早い段階からコメンターによる仮説的な理解が示され、多くは準備したレジュメの前半で終わりがちである。このようなタイプは「ケースセミナー」と呼ぶのが適切かもしれない。

達人型：達人型とは、神田橋條治を典型とする達人の先生たちの事例検討を想定している。著名な先生が多いだけに、参加者は事例検討会のライブを聴きに行くような気分で参加しているのではなかろうか。講師の多くはレジュメに頼らず探索を進めていく。仮に、レジュメがあっても半分無視して当意即妙のやり取りが発表者と交わされる。その時その場の流れで漂着点が決まるので、発表者も柔軟性がないとついていけないかもしれない。欧米型と似ているが、ずっと自由度が高い。フロアの参加者は主役二人の即興劇を鑑賞し、自らの経験を連想し、味わって楽しむかのごときである。

構成型：構成型は省力化した発表とグループの力を活かすように構成された方法である。村山正治が提案したPCAGIP法を代表とする[*1]。心理臨床の事例検討では、発表者の資料の準備に時間と労力がいる。それはそれで意味のある作業ではあるが、スクールカウンセリングの現場や多職種連携の場などでは、発表者の負担が大きいと、発表が敬遠されがちになる。それを回避するために、資料は簡単な概要でよい。あとは参加者が発表者に質問し、それを記録係が白板に記録しながら事例の全体像を描き上げていく。「批判しない」というルールも発表者の傷つきを防ぐことになる。この場合、検討による結論ではな

第8章　事例検討会(カンファレンスを含む)の心得

く、プロセス自体を共有することに力点があると思われる。

　なお、事例検討会の持ち方については各地域で工夫が試みられているという話を耳にする。構成型はPCAGIP法のほかにも何通りもある。特に人数が多い場合、参加者のグループ化をして、全員がコミットできるように工夫をしている場合が多い。つまり、5人程度の小グループで話し合ったことを、最後に全体で共有し、発表者に間接的にフィードバックする。したがって座長の役割はできるだけ場の雰囲気を見極めながらファシリテーションに徹することにある。

　四つのタイプはそれぞれ特徴があり、課題もある。もし筆者が事例検討会の座長を務めるなら、伝統型や構成型なら進行できそうであるが、欧米型や達人型となると、素早く読み解く力が必要なので、とてもできないと思う。要は心理療法の折衷と同じで、達人のやり方から自分にできる点を取り入れて折衷的に織り交ぜればよいと思う。筆者の好みの進め方は、分からない事実は(発表を止めて)その場で確認する。全部話し終わってから質問すると、忘れてしまうし物語の筋も乱れる。そして、事例検討会の場が非審判的な雰囲気で、安心できる「器」になることを目指している。しかし、状況によっては厳しい発言をすることもあり、あとで反省もする。

　フロアの参加者も進行に協力できるとよい。参加者が個々に質問するのはよいが、お互いの質問に関連がなく、質問の意図も分からず、散発的なやり取りで終わることが少なくない。も

う少し検討課題に沿って、事例を読み解くプロセスを参加者で共有できないかと願う。個々人が言い放しではなく、場の促進役が個々の発言を整理したり、関連づけたりするほうが生産的になると筆者は考えている。そして、四つのどのタイプに属していようと、フロアの参加者の力というか、「グループの力」を活用する心構えも大切である。欧米型や達人型もフロアの観客の反応がなくては面白くならない。発表者とコメンターの二人舞台であっても、観客もその場に大きく関与していることを忘れてはならない。

　そして、事例検討会が終わったときに、クライエントと発表者に対する理解が深まると、始める前よりも「事例」が愛おしく思えて、自然に拍手が起こる。発表者自身もクライエントの課題と強さに気づいて、以前よりも「ゆとり」を持って事例を見ることができるようになる。そうなれば、検討会の場を離れるときの心が軽やかで、不思議なほど足取りも軽い。

〈注〉
＊1　PCAGIP法とは Person Centered Approach Group Incident Process の頭文字で、ピカジップ法と読む。村山正治のオリエンテーションであるパーソン・センタード・アプローチの考え方を土台にした事例検討の方法で、「詳しいレジュメはいらない」「メモを取らない」「批判しない」などの約束の下に進められる。『新しい事例検討法 PCAGIP 入門』（創元社）を参照のこと。

終　章

まとめと若干の裏話

● ● ●

　終章では、これまで述べてきたことの要約とまとめを行いたい。前向きの計画されたプロトコールに沿って行う厳密な事例研究とは異なり、日々の臨床活動で出会ったクライエントとの「心の旅路」を後ろ向きに振り返って行う事例研究を対象として、その考え方と戦略について筆者の経験を通して論考してきた。従来からの習慣化した取り組みを再検討して、研究の問いを明らかにし、その問いに即した事例提示と発見的な考察を書けるようになることを目指した。以下の記述では、内容を振り返り、本書の鍵概念を見出すに至った裏話を若干書き添えて論考を閉じたいと思う。

事例に基づく研究のプロセス

　省察的アプローチにおいて、事例に基づく検討と研究がどのように進展していくのか、これまで論じてきたことを俯瞰的に眺めてみよう。筆者は、図7に示したようなプロセスを大まか

139

に辿ると想定しているが、要点は四つある。まず日常臨床の事例報告の段階、次に臨床家同士による事例検討の段階、そして事例研究としてまとめる段階、最後に、一般化や普遍化・共有化へと展開する段階である。これらのプロセスを順に確認していくことにする。図7に進展と影響のプロセスを図示したので、照らし合わせながら確認してほしい。

　統制されたn=1の単数事例実験とは違って、日々の臨床実践の事例は多数の独立変数によって多重決定されている。すなわち、個々の心理療法や個々の支援の背後には歴史的・社会的・制度的な背景文脈がある。何もない時空間に心理療法の実際だけが独立して存在しているわけではない。当たり前すぎて見落としがちであるが、これらの文脈を切り離さないで、その特徴を踏まえて事例の範囲を限定し、臨床実践を報告するのが「事例報告」である。

　通常はケースカンファレンスや事例検討会と呼ばれる専門家同士の場で参加者のトライアンギュレーションによって多声的に検討される。その相互検討によって、臨床家は自らの視点を相対化し、より妥当性のある視点や考え方へシフトできるかもしれない。事例報告の主な目的は、多声的検討による実践知の発見的な深化や拡大である。形式を整えて文章化すれば事例報告論文になる。院生や研修生は『紀要』等に、担当事例を省察し、クライエントや面接過程の理解を深めて考察を書いてきたと思うが、そのほとんどは事例研究というより、事例報告の論

終　章　まとめと若干の裏話

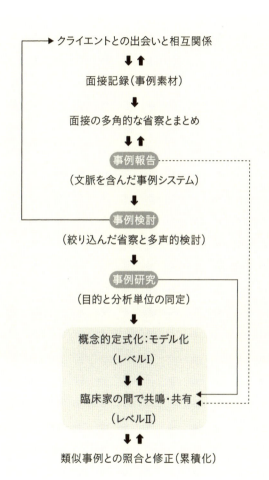

図7　省察的事例研究のプロセス
矢印は進展過程、並びに影響の方向を意味している。
レベルⅠとレベルⅡが事例の一般化・普遍化（第4章）。

文と位置づけられるであろう。

　事例研究論文を目指す場合は、焦点化した検討課題（研究の問い）を明確にして、より厳密な吟味を進めることになる。なお、事例について詳細に分析し、検討していく行為に対して事例研究を行ったと表現しても間違いではないが、その最終産物である事例論文をもって「事例研究」と呼称するのが通例である。似通った事情は、文化人類学から始まったエスノグラフィ（ethnography）にもある。なぜならエスノグラフィ（民族誌）とはフィールドワークを通して、人と社会・文化を参加観察し記録して分析する行為を指し示すと同時に、その成果物である報告書やモノグラフも意味するからである。

　最終段階は事例の知の一般化や普遍化である。事例を通しての研究（手段的な事例研究）の場合は、典型事例や複数事例を通して概念的定式化を行う。要するに事例からモデル化を行うわけである。これを「レベルⅠ」の一般化と位置づけた。それに対して、聴き手や読み手が事例に触発され、印象深い事例として共有化されるという形の一般化がある。それを「レベルⅡ」と名付けた。

　興味深い事例を聞いたり、読んだりして、聴き手や読み手の臨床的な好奇心が触発され、自身の事例とも比較参照され、共鳴や気づきが広くもたらされ、多数の臨床家の間で共有化が生じる場合である。このような一般化の過程は、特定の研究者（研究グループ）による累積的な研究の積み重ねによる一般化ではな

終　章　まとめと若干の裏話

いが、多くの専門家による共鳴的・共有的な一般化であり、発見された実践知の妥当性確認（consensual validation）にもつながるであろう。

省察的事例研究の要点

　本書では、事例研究の省察的アプローチの「考え方と戦略」について論考してきた。先にも述べたように、従来から蓄積してきた事例報告や事例研究のあり方と本質的に異なるものではないとの批判があるかもしれない。しかしながら、これまでに言葉にならなかった、あるいは言葉にしてこなかった曖昧な経験の層にまで降りて、事例とは何か、事例検討、事例報告と事例研究について見つめて明確にしようとした。

　わが国の心理臨床の制度的な枠組みが大きく変化し、事例に基づく研究のあり方も転換期に臨んでいるという認識の下に、日々の臨床の事例検討や事例研究について、筆者の臨床経験と照合し、他の臨床家との討論も行いながら、そのあり方を問い直し、これまで以上に踏み込んで論究することを試みた。本章は最後の章であるので、論考の中心軸になる考え方をまとめ直して、読者の方々と共有したいと思う。省察的な事例研究の特徴については表5を参照してほしい。

143

表5　省察的事例研究の特徴

	特徴の要約	キーワード
1	システムとしての事例	現場の文脈の重視、治療外要因も考慮
2	「観察的関与」による記録	臨床家も独立変数、セラピストの視座や援助関係の記述
3	内的経験の省察プロセス	援助での体験過程、振り返りと吟味
4	視座・視点・視野の明確化	視座・視点・視野、羅生門的アプローチ
5	訓練された主観性	認識様式の構造化、自己覚知の錬磨
6	複眼的観察と多声的吟味	バイアスの修正、トライアンギュレーション

（1）システムとしての事例

　事例としての境界をどこに設定するかは必ずしも簡単ではない。本書では事例の範囲・視野・システムなどと異なった言葉を用いて論じたが、これらは類似した意味である。心理療法の事例は最小単位としてのシステムである。その上位システムとして所属している職場（機関・施設）があり、さらに上位には風土や地域の社会資源が入れ子状にある。第1章で述べた金子みすゞの「蜂と神様」の詩を思い出してほしい。システムは入れ子状に存在しているが、分析の対象としては特定のシステムに絞り込むことになる。ここで留意すべきことがある。絞り込んだ事例システムの外の影響や意義も見落とさないようにしたい。もしクライエントが暮らしている環境が非常にサポーティブであれば、治療効果が促進されるだろうし、環境がきわめて劣悪

144

終　章　まとめと若干の裏話

であれば、せっかくの治療効果も吹っ飛んで消えてしまう。したがって、心理療法やカウンセリングが行われている風土的・社会的・制度的な文脈（上位のシステム）の考慮も忘れてはならない。もし環境要因が大きいと推定されるなら、「視野」（事例の範囲）を広げて治療外要因も検討しなければならないだろう。

（2）「観察的関与」による記録

　対人援助活動は、いつも関わりながら観察し、観察しながら関わることが大きな特徴である。これまでフィールドワークや調査研究では「関与的観察（participant observation）」と呼び習わされてきたが、心理療法などの対人援助では「観察的関与（observant participation）」と呼ぶほうが実情に即しているとみなされるようになった[*1]。私たちは、臨床家から独立した恒常的な対象（クライエント）を観察しているのではなく、臨床家の態度や関与に反応して変化する対象を観察しているのである。もちろんクライエントの態度や反応によって、臨床家の態度や関与も適合的に変化している。要するに、二人の人間が出会えば、独特な「対人の場」が形成され、その影響は双方向的になる。その相互作用における変化の経過を面接記録として詳細に書き記し、必要なら心理尺度で測定をする。以上のような意味で、二人称の事例研究は対人関係の「場」の検討を含むもので、臨床家の視座や内的動き、関わり方の明細化と記述が求められるのである。この事実は繰り返し指摘されてきたが、省察的アプロー

145

チでも十分に自覚しておくことが大切である。

(3) 内的経験の省察プロセス

　省察的アプローチの中核は臨床家の「経験（experience）」である。これまでの論考で分かるように、過去の臨床経験（臨床歴）も含まれるが、むしろ「いま、この場」で直接的に知覚されている内的世界の状態が観察対象となる。治療的な出会いの中で、臨床家としての自分が、聴いたこと、観たこと、感じたこと、考えたこと、それらすべてを経験と呼んでいて、自己覚知（self-awareness）によって把握できる。面接中に、面接後に、そして記録をつけながら徐々に自己覚知を広げ、対象理解を深めていく。主に省察する対象は、この経験そのものである。前向きに実施される効果研究なら、計画的介入と症状尺度や効果尺度のデータとの対応関係に専ら注意を注ぐであろう。だから、分析の対象はデータである。ややステレオタイプな切り方をするなら、経験の省察か、データの分析か、その関心の向け方に大きな差があり、それぞれのアプローチの特徴が現れると思われる。もっとも、筆者は経験の省察をする際に、もし量的データが補完されるなら、より適切なアセスメントや評価が可能になると考えている。

(4) 視座・視点・視野の明確化

　対象は光の当て方によって姿を変えることはよく知られてい

終　章　まとめと若干の裏話

る。臨床的な出来事は相対的な認識しか可能でなく、絶対的な真実や唯一の正しい理解が得られるとは考えられない。生物・心理・社会的な存在 (bio-psycho-social being) としての人間に光を当てるとき、生物学的に迫ればそれなりの説明が可能であろうし、パーソナリティや生活史に照らせば心理的理解ができるし、文化や社会、対人的側面からみれば社会的な理解が生まれる。

　教育のカリキュラム開発の領域でよく知られている言葉に「羅生門的アプローチ」という用語があり、「工学的アプローチ」と対比されて用いられている。黒澤明監督の『羅生門』(1950年公開)をヒントに生まれた用語で、平安時代の人殺し事件を巡って、取り調べの検非違使に対し、事件に関わった人物（下手人）が三者三様のまったく異なる証言を行い、真実は「藪の中」という話である。立場が違えば、見方も解釈の仕方も異なるのが当然で、価値の多様性を重視した教育カリキュラムや教育評価を行おうとするアプローチである。相互に異なる見立てや介入の是非を判断するためには、臨床家の観点を明確にしなければならない。観点（特に視座と視点）が明確になれば、異なる解釈や介入が生成されるプロセスをより把握しやすくなるであろう。

(5) 訓練された主観性

　以上のような特徴を持つ省察的アプローチを行うには、臨床家が観察する力や臨床的判断に基づいて介入する力を訓練して錬磨する必要がある。いわば職人としての目や勘を訓練して作

147

り上げることが求められる。エリクソン（Erikson, E. H.）はこう述べている。

> 心理臨床家は患者のいろいろの動きや反応をとらえようとする観察の場で、特有の研ぎすまされた自己覚知（specific self-awareness）を持たねばならない。臨床活動の中に「専門的に訓練された主観性」（disciplined subjectivity）の中核があると私は言いたい。…（中略）…すべてを見かけの上での客観的な方法に置き換えられるものではないし、それが望ましいことでもない。（Erikson, 1964/2016）

　観察的関与による記録の仕方、経験と向き合い省察する習慣、自らの観点を自覚し相対化できる柔軟性、そうしたことが可能になるような絶えざる訓練と感性の構造化が私たち臨床家にとってのエビデンスの一つになる。臨場感ある事例報告を作成したり、構造化された事例論文を書いたりすることも、臨床家の「訓練された主観性」を磨くことに大いに貢献するものと考えられる。

（6）複眼的観察と多声的吟味

　何事も一人だけで判断すると、どうしても盲点や偏りが生じがちである。そこで、事例素材に対する分析方法として、実践者と研究者を分けて、研究者が資料やデータを分析していくア

終　章　まとめと若干の裏話

プローチも提案されている (McLeod, 2010)。けれども省察的ア
プローチでは、臨床家＝研究者という実践研究としてのスタン
スを大切にしているので、両者を分離しない代わりに、第三者
の目や声を積極的に取り入れて、妥当性や信頼性の高い検討を
行っていくことを推奨したい。アメリカのサリバン (Sullivan, H.
S.) が強調した「合意による確認 (consensual validation)」を研究過
程でも行うことが、解釈の妥当性や論理性を高める上で非常に
有効であると思う (「あとがき」に書いたように本書の執筆過程も多
声的な吟味を経ている)。

筆者のアイディアに関する裏話

　本書において、筆者は新しいアイディアや試みを提起し、主
に第4章に集中して説明している。蛇足ではあるが、これらの
考えや試みが、いかなる問題意識から生まれたかという裏話を
しておくことで、筆者が伝えたいと思っている内容を理解する
ための一助になればと願うものである。

視座・視点・視野
　本書の執筆計画の段階で思案していたことは、いかにしたら
複雑系の「臨床のリアリティ」を過不足なく的確に再現するこ
とができるのかという問題意識に関してであった。表現力や文

章のレトリックもあるが、方法論的な工夫もあるのではないか
と考えた。長い間考えあぐねて思いついたことは、三次元の立
体的な地球を世界地図という二次元の平面にどのように落とし
込んでいるのかという疑問を調べることだった。

　最初に分かったことは、地図を使う「目的」によって、使用す
る図法が違うことであった。羅針盤を使って航海する際にはメ
ルカトル図法が便利だし、北極や南極地方の面積や形の歪みを
少なくしたいならモルワイデ図法で描く。要するに、距離も方
位も面積もすべてを正確に描く図法はない。想像以上にたくさ
ん存在している図法の中から、使用目的に応じて妥当な地図を
選ぶしかないという事実であった。

　もう一つ分かったことは、立体を平面に投影するときに、地
球に照射する光源の位置や投影面の位置や形状の違いによっ
て、世界の映し出され方が変わることであった。多様な図法に
よる世界地図を比較対照してみると明らかなように、光の当て
方によって、「世界」の見え方はがらりと変わってくるのである。

　第4章では、この地図の投影法をヒントにして、従来から指
摘されてきた「観点」を細分化して、視座・視点・視野に分けて、
複雑な臨床的リアリティを捉えることを思いついた。研究目的
や問いに応じて、どのように三つの観点を設定するのが最も妥
当かつ有効であるのかを検討すると、精緻化されやすい。観察
的関与者の立ち位置（視座）を必要な範囲内で明らかにし、事例
素材の提示（視点と視野を吟味した編集）の仕方が決まると、分か

終　章　まとめと若干の裏話

りやすく一貫した物語り方が可能になると考えたものである。

レベルⅡの一般化

　事例からの一般化の論理を、筆者はレベルⅠとレベルⅡに区
分した。典型事例からモデル化するというレベルⅠの一般化は
比較的理解しやすいと思う。問題はレベルⅡである。

　河合隼雄が強調してきた「個から普遍へ」という鍵概念に関
して、筆者はなんとなく分かったつもりになっていて、実のと
ころ具体的には理解できていなかった。統計的な一般化とは区
別して、普遍化と言い換えた程度の感覚でしかなかった。今回
の執筆にあたって「個から普遍へ」の意味を再考している過程
で、ステークがnaturalistic generalization（自然に生起する一般化）
と命名している考え方（Stake, 1995）と河合の「間主観的普遍性」
という考え方が、結果として類似していることに気づいた。ス
テークは臨床経験から学ぶことに軸足があるが、河合は事例の
語り手と聴き手の「間」に通底して触発される普遍性を指摘し
ている。

　河合隼雄は「普遍」という用語を分析心理学の鍵概念である
collective unconsciousの訳語に用いている。直訳は「集合的」無
意識であるが、河合は「普遍的」無意識と訳した。その発想の延
長線上で考えると、「個から普遍へ」の代わりに「個から集合へ」
に置き換えても構わないのかもしれない。つまり、普遍化とは
事例の知の共有化のあり方を意味しているのではないかと気づ

151

いた。言い換えると、事例として報告された「他者のこと」に深く触発され、心の底で「私のこと」としても把握されるような——人と人の間に自ら生起する——事態に近いのではなかろうか。このように理解すると、河合のメッセージの意味に合点がいくし、心に収まるのであるが、天国の「河合隼雄先生」にそれで間違っていないか確認したいものある。

　以上、二題の裏話を述べて、本書の締めくくりとしたい。

〈注〉
＊1　participation は「活動に参加して貢献する」という意味であるので、observant participation とは、クライエントを観察しながら、援助関係に参加し、治療的な貢献を果たすという意味になる。

文　献

序　章

Bruch, H. (1974). *Learning Psychotherapy: Rationale and Ground Rules*. Cambridge, MA: Harvard University Press.　鑪幹八郎・一丸藤太郎（訳編）（1978）．心理療法を学ぶ——インテンシブ・サイコセラピーの基本原則．誠信書房．

藤原勝紀（2004）．事例研究法．丹野義彦（編）．臨床心理学全書5　臨床心理学研究法．誠信書房．

岩壁茂（2015）．日本における事例研究——2つの方法、2つの世界観． *Pragmatic Case Studies in Psychotherapy*, **11**(2), J1-J18.

河合隼雄（2001）．事例研究の意義．臨床心理学，**1**(1)，4-9.

黒江ゆり子（2015）．電子メールによるパーソナルコミュニケーション．

McLeod, J. (2010). *Case Study Research in Counselling and Psychotherapy*. London: Sage Publications.

村瀬嘉代子（2015）．描画を通したコミュニケーション——人間不信を標榜しながらも、他者とのつながりを希求する青年R氏の事例． *Pragmatic Case Studies in Psychotherapy*, **11**(2), J19-J54.

武藤崇・三田村仰（2015）．慢性化したうつを抱えた日本人クライエント「太郎」に対するアクセプタンス＆コミットメント・セラピー——トリートメント評価による再現可能性検証． *Pragmatic Case Studies in Psychotherapy*, **11**(2), J55-J95.

鶴田和美（1995）．「紀要世代」の心理臨床家の成長——山本論文へのコメント．広島大学大学院教育学研究科心理教育相談室紀要　心理教育相談研究，**12**，32-33.

山本力（2018）．心理臨床学と「事例」に基づいた研究．看護研究，**51**(3)，211-216.

山本力・鶴田和美（編著）（2001）．心理臨床家のための「事例研究」の進め方．北大路書房．

第1章

土居健郎（1977）．新訂　方法としての面接——臨床家のために．医学書院．

河合隼雄（1967）．付録・ユング派の分析の体験．ユング心理学入門．培風館．

名島潤慈（1995）．アメリカにおける夢分析の経験．精神分析研究，**39**(5)，32-38．

大場登（1990）．教育分析の経験．小川捷之・鑪幹八郎・本明寛（編）．臨床心理学大系13　臨床心理学を学ぶ．金子書房．

岡本祐子（編著）（2016）．境界を生きた心理臨床家の足跡——鑪幹八郎からの口伝と継承．ナカニシヤ出版．

小此木啓吾（1986）．シンポジウム・事例研究とは何か（小川捷之・小此木啓吾・河合隼雄・中村雄二郎）．心理臨床学研究，**3**（2），5-37．

Stake, R. E. (2000). Case Studies. In N. K. Denzin, Y. S. Lincoln (Ed.). *The Sage Handbook of Qualitative Research, Second Edition*. Thousand Oaks, CA: Sage Publications, 134-164．平山満義（監訳），藤原顕（編訳）（2006）．質的研究ハンドブック2巻　質的研究の設計と戦略．北大路書房，**101-120**．

田中千穂子（1999）．Rくんと共に歩んだ成長の軌跡——お母さんの回想（retrospective approach）をまとめて．東京大学大学院教育学研究科心理教育相談室紀要，**22**，24-33．

山本力（2001）．研究法としての事例研究．山本力・鶴田和美（編著）．心理臨床家のための「事例研究」の進め方．北大路書房，14-29．

Yin, K. R. (1994). *Case Study Research: Design and Methods, Second Edition*. Thousand Oaks, CA: Sage Publications．近藤公彦（訳）（2011）．ケース・スタディの方法．千倉書房．

第2章

Allport, G. W. (1942). *The Use of Personal Documents in Psychological Science: Prepared for Committee on Appraisal of Research*. New York: Social Science Research Council．大場安則（訳）（1970）．心理科学における個人的記録の利用法．培風館．

Erikson, E. H. (1964). *Insight and Responsibility: Lectures on the Ethical Implications of Psychoanalytic Insight*. New York: Norton．鑪幹八郎（訳）（2016）．洞察と責任——精神分析の臨床と倫理．誠信書房．

文　献

Flyvbjerg, B. (2006). Five Misunderstandings about Case-Study Research. *Qualitative Inquiry*, **12**(2), 219-245.

河合隼雄（1976）．事例研究の意義と問題点——臨床心理学の立場から．京都大学教育学部心理教育相談室紀要　臨床心理事例研究，**3**，3-10.

河合隼雄・佐治守夫・成瀬悟策（1977）．鼎談「臨床心理学におけるケース研究」．臨床心理ケース研究編集委員会（編）．臨床心理ケース研究1．誠信書房，232-235.

村瀬孝雄（1995）．臨床心理学の原点——心理療法とアセスメントを考える．誠信書房．

岡本祐子（編著）（2016）．境界を生きた心理臨床家の足跡——鑪幹八郎からの口伝と継承．ナカニシヤ出版．

下山晴彦（1997）．臨床心理学研究の理論と実際——スチューデント・アパシー研究を例として．東京大学出版会．

Stake, R. E. (1995). *The Art of Case Study Research*. Thousand Oaks, CA: Sage Publications.

鑪幹八郎（2012）．特別寄稿　広島大学における臨床心理学の小史．深田博己（監修）．心理学研究の新世紀4　臨床心理学．ミネルヴァ書房，1-35.

鶴田和美（1994）．大学生の個別相談事例から見た卒業期の意味——比較的健康な自発来談学生についての検討．心理臨床学研究，**12**(2)，97-108.

鶴田和美（1998）．卒業期に来談する大学生の臨床心理学的特徴についての研究——来談時期から見た学生相談事例の検討．学位論文（未公刊）．

第3章

Cooper, M. (2008). *Essential Research Findings in Counselling and Psychotherapy: The Facts Are Friendly*. London: Sage Publications.　清水幹夫・末武康弘（監訳）（2012）．エビデンスにもとづくカウンセリング効果の研究——クライアントにとって何が最も役に立つのか．岩崎学術出版社．

土居健郎（1972）．分裂病と秘密．分裂病の精神病理Ⅰ．東京大学出版会，1-18.

岩壁茂（2008）．プロセス研究の方法．新曜社．

岡本祐子（編著）（2016）．境界を生きた心理臨床家の足跡——鑪幹八郎からの口伝と継承．ナカニシヤ出版．

斎藤清二（2013）．事例研究というパラダイム——臨床心理学と医学を結ぶ．岩崎学術出版社.

第4章

藤縄昭（1976）．「事例研究」随想．京都大学教育学部心理教育相談室紀要 臨床心理事例研究，**3**，6-8.

河合隼雄（1992）．心理療法序説．岩波書店.

河合隼雄（2003）．臨床心理学ノート．金剛出版.

Kleinman, A. (1988). *The Illness Naratives: Suffering, Healing, and the Human Condition*. New York: Basic Books.　江口重幸・上野豪志・五木田紳（訳）（1996）．病いの語り——慢性の病いをめぐる臨床人類学．誠信書房.

McLeod, J. (2010). *Case Study Research in Counselling and Psychotherapy*. London: Sage Publications.

中井久夫（1998）．最終講義——分裂病私見．みすず書房.

中村雄二郎（1986）．シンポジウム・事例研究とは何か．心理臨床学研究，**3**(2)，26-27.

Stake, R. E. (1995). *The Art of Case Study Research*. Thousand Oaks, CA: Sage Publications.

鑪幹八郎・名島潤慈（1991）．事例研究法論．河合隼雄・福島章・村瀬孝雄（編）．臨床心理学大系1 臨床心理学の科学的基礎．金子書房.

鶴田和美（2001）．事例研究の着想と手順．山本力・鶴田和美（編著）．心理臨床家のための「事例研究」の進め方．北大路書房，66-79.

Yin, K. R. (1994). *Case Study Research: Design and Methods, Second Edition*. Thousand Oaks, CA: Sage Publications.　近藤公彦（訳）（2011）．ケース・スタディの方法．千倉書房.

第5章

一般社団法人日本心理臨床学会学会誌編集委員会（編）（2016）．心理臨床学研究 論文執筆ガイド［2016年改訂版］.

宮崎昭・伊藤義美・岡昌之（2015）．編集委員会企画シンポジウム 心理臨床学研究論文作成における倫理面への配慮．学会HP・第34回秋季大会記録データ.

文　献

村瀬嘉代子（2001）．事例研究の倫理と責任．臨床心理学，**1**(1)，10-16.

佐野信也・立花正一・角田智哉（2015）．症例研究と発表倫理——精神療法における臨床倫理との関連において．防衛医科大学校進学課程研究紀要，**38**，1-16.

田中千穂子（1999）．Rくんと共に歩んだ成長の軌跡——お母さんの回想（retrospective approach）をまとめて．東京大学大学院教育学研究科心理教育相談室紀要，**22**，24-33.

鑪幹八郎（1999；2004）．クライエントにとっての事例報告——あるクライエントの手紙から．鑪幹八郎著作集Ⅲ　心理臨床と倫理・スーパービジョン．ナカニシヤ出版，151-159.

第6章

藤山直樹（2003）．プロセスノートを書くという営み．精神分析研究，**47**(2)，23-28.

菅野信夫（2001）．心理臨床における記録．山本力・鶴田和美（編著）．心理臨床家のための「事例研究」の進め方．北大路書房，44-53.

Lambert, M. (1992). Psychotherapy Outcome Research: Implications for Integrative and Eclectic Therapists. In J. C. Norcross & M. R. Goldfried (Eds.). *Handbook of Psychotherapy Integration*. New York: Basic Books, 94-129.

中村留貴子（2010）．心理療法における面接記録の書き方．兼本浩祐（編）．臨床を書く．こころの科学，**153**，25-30.

田中千穂子（2011）．プレイセラピーへの手びき——関係の綾をどう読み取るか．日本評論社.

第7章

中井久夫（1998）．最終講義——分裂病私見．みすず書房.

鑪幹八郎（2001）．臨床的リアリティをどう伝えるか．山本力・鶴田和美（編著）．心理臨床家のための「事例研究」の進め方．北大路書房，128-140.

鑪幹八郎・名島潤慈（1991）．事例研究法論．河合隼雄・福島章・村瀬孝雄（編）．臨床心理学大系1　臨床心理学の科学的基礎．金子書房.

東畑開人（2017）．日本のありふれた心理療法——ローカルな日常臨床のための心理学と医療人類学．誠信書房.

山本力（2014）．喪失と悲嘆の心理臨床学──様態モデルとモーニングワーク．誠信書房．

第8章

阿瀬川孝治（2009）．症例検討会をめぐる連想．治療の聲，**10**(1)，21-24.

村山正治・中田行重（編著）（2012）．新しい事例検討法PCAGIP入門──パーソン・センタード・アプローチの視点から．創元社．

終　章

Erikson, E. H. (1964). *Insight and Responsibility: Lectures on the Ethical Implications of Psychoanalytic Insight.* New York: Norton.　鑢幹八郎（訳）（2016）．洞察と責任──精神分析の臨床と倫理．誠信書房．

McLeod, J. (2010). *Case Study Research in Counselling and Psychotherapy.* London: Sage Publications.

Stake, R. E. (1995). *The Art of Case Study Research.* Thousand Oaks, CA: Sage Publications.

あとがき

I

　本書執筆の直接のきっかけは創元社編集部の小林晃子さんからの一通の手紙でした。手紙を受け取った2012年の夏、日本心理臨床学会の名古屋での大会で初めてお目にかかって、事例研究の書籍を出版したいという強い想いや意図について伺いました。私にとって魅力的なオファーでしたが、当時は小生の定年退職が2年半後に迫り、ライフワークである単著『喪失と悲嘆の心理臨床学』を懸命に執筆している途中で、加えて健康上の問題があり、心の余裕がない時期でした。それで執筆中の本が脱稿してから検討させてほしいとの旨をお伝えしました。拙著は2014年に上梓しましたが、続けて事例研究の単著を書くだけのエネルギーやアイディアがあるように思えませんでした。その後、心理臨床学会大会の開催ごとに小林さんとお会いして意見交換をするものの、遅々として具体化しませんでした。

　他方で、私と鶴田和美氏の二人で『心理臨床家のための「事例研究」の進め方』を編んでからすでに10年あまりが経ており、新たな構想の下で専門書を企画する必要性も強く感じていました。私は2015年に岡山大学を定年退職し、現在の就実大学に移り、気分を一新して構想を練り直しましたが、最終構想を固めるまでにさらに2年を要しました。

自らの臨床実践と対話し、その臨床経験から着想し、それを省察しながら形にしていく事例研究の本を目指すことにし、『事例研究の考え方と戦略――心理臨床実践の省察的アプローチ』というタイトルを選びました。先行研究のレビュー論文のように三人称的に書くのではなく、近年出版された内外の文献と照合しながら、一人称的に等身大で書きたいと思いました。自分自身の経験から生まれきる内容にしたいと念じ、停滞と前進を繰り返し、苦しみながらも一行また一行と書き進めていきました。シェークスピアの戯曲『マクベス』に「悲しみに言葉を与えよ」という有名な台詞がありますが、本書の執筆過程は、事例を巡る私の「経験と思索」に言葉を与えようと藻掻く悪戦苦闘の半年間でもありました。

　絶え間なく流れ去る経験に言葉を与えて書き記し、整理して構造化しないことには、自己の経験世界として記憶に残らないし、実践知として後から検索も利用もできないものです。もちろん身体が覚えている記憶もありますが、「他者に開かれ、伝える」ためには言葉による物語として整理されて記憶される必要があるのではないでしょうか。

　少し脱線しましたが、最初の依頼から脱稿までに6年間もかかってしまいましたが、結果的にみれば6年かけたことに大きな意味があったと思われます。本文でも言及したように、方法論としての事例研究を巡る状況は、近年グローバルな変化を同時多発的に遂げていますし、公認心理師法の施行により国家的

あとがき

な枠組みの中に心理臨床の世界も位置づけられました。加えて、個人的な出会いですが、日本慢性看護学会の研究グループに誘われて、看護実践の研究法として事例研究を構築するという挑戦にご一緒させていただいていることも、いろいろと触発される好機となりました。その成果が『看護研究』51 (3) の「特集 看護学における事例研究法の進化──質的記述的事例研究法の可能性」(2018年) として結実し、数日前に私の手元に届きました。これらの周囲の状況が不思議なほど執筆の後押しをしてくれました。

Ⅱ

　本書の執筆にあたっては、新しい試みをしました。本書の内容は、私の臨床実践や見聞きしてきたことを「もう一人の自分」が省察した産物であるので、独り善がりの考えや思わぬ偏りが生じていないか心配でした。そこで、本書で主張した多声的検討という方法を自らの著書にも適用しようと決め、3人の心理臨床家にリレー形式での査読をお願いしました。

　最初の草稿は、校正等の仕事に携わっている妻に素人目線から文章チェックを頼みました。続けて3人の仲間にレビューを依頼しました。学会誌のように3人に同時に原稿を送るのではなく、1章を書き終えると最初の人に送り、そのチェックが終わって送り返された原稿に私が修正を加え、その第二稿をまた次の仲間に送るというリレー方式にしました。予想したとおり

修正稿を重ねるごとにチェックの数が減り、筋の通る文章に
なっていきました。このリレー方式のピアレビューを経ること
によって、筆者の執筆内容の妥当性と論理性を向上させること
ができたと自認していますが、この挑戦の成否に関しては読者
諸氏の判断に委ねることにしたいと思います。

Ⅲ

　多忙な時間を割いて、半年近い期間、拙著の「最初の読者」に
なっていただいた3人の仲間に、全体を査読した印象をもとに
率直な書評のような一文を書いてほしいとお願いをしました。
その結果、寄せられた「短評」を以下に紹介したいと思います。
多様な職域の心理臨床家にお願いしましたが、皆仲間の臨床家
であるので、ひいき目に見た好意的コメントを頂戴し、恐縮で
はありますが、ご一読いただけると嬉しく思います。また、3
人の先生方には紙上を借りて御礼申し上げます。

　　事例研究に挑むときの姿勢や態度は、心理臨床に対して
　の姿勢や態度に確実につながっている。改めてそう感じま
　した。丁寧な心理療法の旅路が丁寧な事例研究につなが
　る。その逆もまた然りだ、と。そして、この著作もまた、
　紆余曲折の長い旅路を経て完成しました。身近で、書を書
　く営みという難産の過程を見届けた者として、この著作自
　体が事例研究執筆の旅路に寄り添う「同行二人」の存在と

あとがき

なることを願っています。

—— 岡田碧（NPO法人子育てネットひまわり・
たかまつ地域子育て支援コーディネーター）

　本書は、とにかく読みやすく、そして、深い。事例研究について、ここまで丁寧で、かつ具体的に書かれた本は他にないかもしれない。また、本書には、著者の臨床経験が随所にちりばめられている。日常臨床の視点から書かれた文章は、事例研究をしてみようという気持ちにさせてくれる。私は本書を読み、多くのヒントとエールを得た気がした。このエキサイティングな体験をぜひ他の実践家にも勧めたい。

—— 杉岡正典（名古屋大学学生相談総合センター）

　事例研究の過去と現在と未来をつなぐ書です。まるで著者と対話をしているように、「心理臨床における事例研究とは？」の解説に目を開かれ、著者自身の数十年をかけた臨床観と研究観が熱く伝わり、「あなたはどう考える？どう取り組む？」と問われて、自分なりになんとか答えてみたくなります。これから本書はそんなふうに、「事例研究」をめぐる、豊かで開かれた対話を生み出していくに違いありません。

—— 山田美穂（就実大学教育学部教育心理学科）

IV

　本書を脱稿した後、短期間イギリス（United Kingdom of Great Britain and Northern Ireland）縦断の旅をしてきました。今回の旅は、研修目的や学会参加ではなく、純粋にスコットランドやイングランドの風土と文化、社会を五感で楽しむためでした。アメリカでの体験とは異なり、イギリス独特の風土と歴史が視覚的に強く印象づけられました。日本との違いも再確認しつつ、それぞれ固有の風土と文化、社会に根ざした心理臨床とは何かを新鮮な気持ちで見つめ直す機会となりました。

　省察的な事例研究は「生きた文脈」の中で生起した事象に光を当てるアプローチです。つまるところ、事例に基づいた省察的アプローチの根っこには、歴史的・風土的・文化的・社会的・対人的な文脈が広がっていることを忘れてはならないと思うのです。第2章の「心理臨床における事例研究のムーブメント」の節で紹介した対談で、佐治守夫氏は「治療者の〈体臭〉が感じられ、読み手に訴えてくる」のが本当の事例研究ではないか、と述べています。それを真似た表現をするなら、洗練された事例研究の背後から「治療者の〈体臭〉」が感じられ、「関係の〈つむぎ方〉」が垣間見え、「臨床の場の〈雰囲気〉」が伝わり、「生きる時代の〈足音〉」までもが聞こえたら、どんなに魅力的なケース・プレゼンテーションになるだろうかと夢想するのです。こうした臨床観は、たしかに私の関心と好み、そして臨床歴の産物ではありますが、恩師である鑪幹八郎先生から40年かけて

あとがき

盗み取った精神の影響も大きいのかもしれません。

　最後になりますが、鑪幹八郎先生とお世話になってきた数多くの仲間の人たちに深い感謝の意を込めて本書を捧げたいと思います。加えて、創元社の柏原隆宏氏の後方支援に対し、そして現在はフリーランスで仕事を続けておられる小林晃子氏の6年間にわたる忍耐と細やかな支援に対し、厚く御礼を申し上げる次第です。

　2018年6月吉日

　　　　　　　　　　岡山市芳賀の里にて　　山本　力

―――――――― 著者略歴 ――――――――

山本　力 (やまもと　つとむ)

博士 (心理学)。臨床心理士・公認心理師。岡山大学名誉教授・就実大学
名誉教授。

■臨床歴

クライエント中心療法と精神分析的心理療法を折衷した対話心理療法を
基本にして、20代〜30代半ばは専ら精神科臨床と大学でのオフィス臨床、
30代後半からは大学でのオフィス臨床 (境界水準のクライエントの心理
療法) に加えて地域教育相談の活動を始め、40代後半からは文部科学省の
スクールカウンセリング活動 (現在はスクールカウンセラーのスーパー
バイザー)、50代からは犯罪被害者支援や災害支援などのコミュニティ臨
床に参加し、共済病院での教職員のメンタルヘルス支援も始めた。各年
代を通して断続的にグリーフケアの諸活動に参加。40代の頃から「オフィ
ス臨床」から「コミュニティ臨床」へと実践の場が拡大し、治療的オリエ
ンテーションも〈精神分析的心理療法〉から場の要請によって対応を変え
る〈折衷的・統合的な心理療法〉へと軸足を移してきた。

■主要著書・訳書

2022年『悲嘆カウンセリング　改訂版』(監訳，誠信書房)

2016年『境界を生きた心理臨床家の足跡――鑢幹八郎からの口伝と継承』
　　　(共著，ナカニシヤ出版)

2014年『喪失と悲嘆の心理臨床学――様態モデルとモーニングワーク』
　　　(単著，誠信書房)

2008年『アイゼンク教授の心理学ハンドブック』(共監訳，ナカニシヤ出
　　　版)

2001年『心理臨床家のための「事例研究」の進め方』(共編著，北大路書房)

1998年『精神分析的心理療法の手引き』(共編著，誠信書房)

事例研究の考え方と戦略
心理臨床実践の省察的アプローチ

2018年9月10日　第1版第1刷発行
2025年5月10日　第1版第4刷発行

著　者───山本　力
発行者───矢部敬一
発行所───株式会社 創元社
〒541-0047 大阪市中央区淡路町4-3-6
TEL.06-6231-9010（代）　FAX.06-6233-3111（代）
https://www.sogensha.co.jp/
印刷所───株式会社 フジプラス

©2018, Printed in Japan
ISBN978-4-422-11683-9 C3011
〈検印廃止〉
落丁・乱丁のときはお取り替えいたします。

装丁・本文デザイン　長井究衡

JCOPY〈出版者著作権管理機構 委託出版物〉
本書の無断複製は著作権法上での例外を除き禁じられています。複製
される場合は、そのつど事前に、出版者著作権管理機構（電話 03-5244-
5088、FAX 03-5244-5089、e-mail: info@jcopy.or.jp）の許諾を得てください。